CHAMADAS PARA LIDERAR

NANCY BEACH

CHAMADAS PARA LIDERAR

A liderança da mulher na igreja

Prefácio de John Ortberg

Vida

Vida

Editora Vida
Rua Isidro Tinoco, 70 Tatuapé
CEP 03316-010 São Paulo, SP
Tel.: 0 xx 11 2618 7000
Fax: 0 xx 11 2618 7044
www.editoravida.com.br

Originally published in the USA under the title: **Gifted to lead**

Translated by **Maria Emília de Oliveira**
Published by permission of Zondervan, Grand Rapids, Michigan, EUA

■

■

■

Todas as citações bíblicas e de terceiros foram adaptadas segundo o Acordo Ortográfico da Língua Portuguesa, assinado em 1990, em vigor desde janeiro de 2009.

Editor responsável: Sônia Freire Lula Almeida
Editor-assistente: Gisele Romão da Cruz Santiago
Tradução: Maria Emília de Oliveira
Revisão de tradução: Rosa Maria Ferreira
Revisão de provas: Josemar de Souza Pinto
Diagramação: Karine dos Santos Barbosa
Capa: Arte Peniel

Publicado anteriormente com o título
As mulheres lideram melhor

1. edição: maio 2012

Dados Internacionais de Catalogação na Publicação (CIP)
(Câmara Brasileira do Livro, SP, Brasil)

Beach, Nancy
Chamadas para liderar: a liderança da mulher na igreja / Nancy Beach; prefácio de John Ortberg; tradução Maria Emília de Oliveira. — São Paulo: Editora Vida, 2012.

Título original: *Gifted to lead*
Bibliografia
ISBN 978-85-383-0263-6

1. Liderança cristã 2. Liderança em mulheres 3. Trabalho das mulheres na Igreja I. Ortberg, John. II. Título.

12-05206 CDD-253.082

Índices para catálogo sistemático:

1. Ministério feminino : Ensino bíblico : Teologia pastoral : Cristianismo 253.082

SUMÁRIO

Prefácio de John Ortberg 7
Um comentário em Birmingham 11

Deus não cometeu um erro 15
Bem-vinda ao Clube do Bolinha 23
Realizando a obra 41
Correndo com os garotões 53
E então tivemos duas filhas! 75
Encontrando sua voz 97
Carta aberta aos pastores e líderes de igreja 125
Envolvendo-se com sua tribo 145

Conclusão 165
Posfácio: Para minhas filhas 169

Apêndice 1: Recursos extras 175
Apêndice 2: "Voz", por Jane Stephens 179
Apêndice 3: Declaração sobre mulheres e homens em cargos de liderança 194
Apêndice 4: Perguntas mais frequentes 197
Sobre a autora 207

Prefácio de John Ortberg

Faz vinte anos que visitei pela primeira vez uma igreja em um bairro residencial de Chicago e assisti a um culto dirigido por uma mulher chamada Nancy Beach. Sentei-me no setor mais alto e distante, porém havia algo na presença dela que fez desaparecer todas as formas de distância, e tive a impressão de que havia uma união entre os presentes, todos sentindo uma experiência renovada do amor de Deus. Surpreendi-me com a solicitude, a franqueza e a profundidade de conhecimento daquela mulher que eu não conhecia.

De repente, passei a trabalhar com ela. Nancy trouxe uma nova visão de liderança ao ministério — um sonho de valorizar a arte e retomá-la para servir à igreja local em forma de adoração plena a um Deus Artístico, uma capacidade de formar equipes e tocar corações — que eu nunca vira antes. Observei como Nancy criava ocasiões de transformação para as pessoas; às vezes, para milhares delas e, às vezes, em pequenos grupos de cinco ou dez. Observei como Nancy inspirava as pessoas, sem exacerbar as emoções, sem apelar para egos, sem brincar com seus medos, mas pintando um quadro das maravilhas de Deus e das possibilidades não exploradas em pessoas como você e eu, dispostas a trabalhar para ele. Observei Nancy criar uma comunidade de artistas; e os artistas nem sempre são as pessoas mais fáceis do mundo para submeter-se à liderança de alguém. De vez em quando, deparamos com um artista de pouquíssima sensibilidade. Nancy conduziu essas pessoas com tanta competência que só pode ser classificada como arte.

E observei-a fazer isso em um mundo amplamente dominado por homens. Minhas convicções, bem como os compromissos assumidos pela Willow Creek, deixam claro que a Bíblia, quando entendida corretamente, produz uma igreja na qual as mulheres e os homens trabalham juntos em igualdade, de acordo com os dons espirituais e as motivações para servir. No entanto, a maioria das pessoas que faziam parte do círculo de liderança era composta de homens barbados. E observei Nancy navegar pelas complexidades daquelas dinâmicas, além de ter de lidar com todos os desafios que enfrentou. Eu e todos os outros que fizeram parte daquele círculo fomos enriquecidos com isso.

Para mim, não foi acidente o fato de Jesus ter sido o primeiro rabino a ensinar mulheres, a incluí-las em seu círculo, a conferir-lhes um nível de dignidade e oportunidade que até então não se conhecia. Lemos no capítulo 8 de Lucas que Jesus viajava de um local a outro acompanhado dos Doze e de mulheres, que, em alguns casos, eram de origem obscura. Imagine naquela época um grupo de homens e mulheres, a maioria solteiros e solteiras, viajando juntos de uma cidade a outra. Imagine os boatos e os mexericos! Mesmo assim, Jesus estava tão empenhado em criar um novo tipo de comunidade, onde houvesse a possibilidade de homens e mulheres se relacionarem uns com os outros como irmãos e irmãs, que se dispôs corajosamente a correr o risco. E assim nasceu um novo tipo de comunidade, onde "em Cristo" não mais haveria uma barreira "entre homens e mulheres" capaz de dividir a humanidade.

Este livro é um passo a mais para ajudar a comunidade de Jesus a viver essa realidade. Os textos escritos por Nancy originam-se de um grande manancial de experiências pessoais. Ela conhece a tensão de ser mãe com filhos pequenos em casa e, ao mesmo tempo, ser responsável pela liderança de um ministério enorme e de um movimento de âmbito nacional. Todo líder que é pai enfrenta a mesma tensão, mas a maioria dos homens "resolve" a situação entregando a maior parte da educação dos filhos à esposa, em uma atitude de abdicação alheia à Bíblia. Nancy conhece a tensão de ser sabatinada duplamente, não pelo fato de ser líder, mas pelo fato de ser mulher líder. Se ela reagir de maneira muito "branda", será incluída no rol dos estereótipos? Se reagir com muito rigor, será rejeitada de uma forma que não o seria se fosse homem? Será que ela está falando muito sobre os sexos masculino e feminino em determinada conversa? Está falando pouco demais? Isso acrescenta uma camada de complexidade a uma tarefa que, por si só, é grandemente complexa, e na qual Nancy navega com habilidade e graça.

Isso também faz parte do que você encontrará neste livro: o esforço valerá a pena. Se você é mulher e, às vezes, cansa da batalha, saiba que a igreja precisa de você! Preparar uma igreja para o futuro com metade de seus membros sentados à margem da liderança é o mesmo que enviar soldados a uma batalha com uma das mãos amarrada às costas. Se você é homem, saiba que sua vida será grandemente enriquecida se tomar a decisão de fazer parte do grupo, ouvir e aprender. Se sua esposa tem o dom da liderança, saiba que você e seu casamento prosperarão imensamente se resolver aplaudir esses dons em vez de sentir-se ameaçado por eles. Se é pai e tem filhas, saiba que elas necessitam de um pai que as elogie e aplauda os dons que Deus lhes concedeu.

Tenho duas Nancy Lee em minha vida. Uma delas (a principal!) é minha esposa. A outra é Nancy Lee Beach. Tanto para mim como para minha esposa, o conhecimento que adquirimos com Nancy Beach e o trabalho que realizamos ao lado dela têm sido uma das maiores dádivas do ministério.

Estou muito feliz por você conhecê-la neste livro. Deus tem muito a dizer a todos nós por meio de suas palavras. Que ele nos dê ouvidos para ouvir.

Um comentário em Birmingham

Birmingham, Alabama, 1996. Eu fazia parte de uma equipe da Willow Creek convidada para dirigir, com um grupo de pastores, um evento de um dia sobre liderança. Minha contribuição incluía conduzir uma reunião principal sobre como expandir a arte visando a atender aos propósitos santos de Deus nos cultos de domingo. A plateia era predominantemente masculina, e tive a leve impressão de que alguns dos presentes não acolheram meus ensinamentos com entusiasmo. Nossa equipe acabara de dar treinamento em congressos na Europa, Austrália e Nova Zelândia, porém aquele evento em nosso país parecia mais problemático em termos culturais do que do outro lado do oceano.

No decorrer da última reunião, que incluiu uma sessão de perguntas e respostas, nosso pastor, Bill Hybels, pegou um papel de dentro de sua Bíblia. "Uma mulher entregou-me este bilhete durante o intervalo", Bill explicou ao grupo. "Ouçam o que ele diz: 'Socorro, sou líder dentro de um corpo de mulher' ".

Houve completo silêncio na plateia.

Bill continuou: "Gostaria que Nancy Beach comentasse este bilhete".

Engoli em seco, e uma onda súbita de calor fez-me sentir desconfortável dentro de meu conjunto de paletó e calça confeccionado especialmente para uma mulher de negócios. Como o meu amigo e pastor pôde fazer aquilo comigo? Eu já me sentia um peixe fora d'água e estava contando os minutos que faltavam para chegar ao aeroporto com destino à minha casa. E agora deveria tratar da questão embaraçosa sobre o que fazer com as mulheres na igreja agraciadas com dons de liderança!

Respirei fundo, murmurei uma oração desesperada suplicando por sabedoria e subi à tribuna. As palavras partiram tanto da mente quanto do coração. Embora eu já tivesse concluído minha parte do estudo sobre a questão das mulheres em cargos de liderança na igreja, preferi não abordar o assunto no terreno estritamente teológico. Apesar de reconhecer que há passagens de difícil compreensão na Bíblia e que precisamos nos esforçar para compreendê-las, concentrei os comentários nos fundamentos de minha fé, dizendo que o Espírito Santo não distribui dons de acordo com o sexo das pessoas; tanto as mulheres quanto os homens devem ser livres para pôr em prática em sua igreja os talentos que Deus lhes concedeu. O momento principal — que provocou grande emoção e paixão em mim e nos ouvintes — ocorreu quando me dirigi às mulheres líderes na plateia. Com a forte sensação de ter recebido poder do Espírito Santo, olhei firme para cada uma delas e disse: "Não houve nenhum erro no céu quando Deus concedeu a você o dom de liderança ou ensino".

Este livro, escrito anos depois, apresenta uma resposta mais detalhada, mas a mensagem central e comovente é a mesma. Não tenho a intenção de vasculhar textos bíblicos para acrescentar uma ideia nova aos numerosos livros que investigam a questão das mulheres como líderes e educadoras na igreja. Embora julgue esses livros essenciais para nosso entendimento — e reconheça que muitos leitores e leitoras talvez estejam procurando um argumento de defesa para minha posição neste livro —, não sou intelectual nem especialista em teologia. No Apêndice 1 (página 189) recomendo vários livros de estudos minuciosos que investigam esse assunto vital de uma variedade de pontos de vista. Insisto veementemente com todos os leitores e leitoras para que mantenham a mente aberta, na tentativa de encontrar uma posição clara que possa ser articulada, justificada e defendida.

Por ser uma mulher que vem transitando no mundo real da liderança e ensino na igreja há mais de trinta anos, espero que este livro estabeleça uma ligação entre as mulheres líderes e os homens que desejam entendê-las melhor. Esse objetivo esteve presente durante todo o processo de escrita deste livro. Todas as vezes que me sentava para escrever na padaria Panera Bread ou no Caribou Coffee (eu escrevia cada dia em um lugar), imaginava-me sentada diante de uma mulher líder, tomando chá ou café e trocando ideias sobre nossas experiências. Com essas mulheres da vida real em mente, tomei a decisão de abrir a cortina e revelar os altos e baixos e os desafios singulares que enfrento como líder, na esperança de que outras mulheres se identifiquem e se animem com minha história.

Não houve nenhum erro no céu quando Deus concedeu a você o dom de liderança ou ensino.

Se você é um líder que separou um tempo para ler este livro, eu o elogio por ter se decidido a querer conhecer melhor as mulheres de sua igreja, talvez pelo bem de sua esposa e filhas. Se apenas está lendo por alto a maioria dos capítulos, peço o obséquio de prestar atenção ao capítulo 7, escrito especialmente para você. E obrigada por sua coragem.

Em um de meus filmes favoritos, *Terra das sombras*, o ator que representa C. S. Lewis diz estas palavras marcantes: "Nós lemos para saber que não estamos sós". Se este livro puder ajudar qualquer mulher, jovem ou idosa, a sentir-se menos solitária, penso que valeu a pena em todos os sentidos. Dedico meus esforços principalmente à próxima geração de *mulheres líderes* e educadoras que buscam aprimorar sua identidade como pessoas que anseiam aplicar inteiramente seus dons na igreja à qual pertencem e alcançar o potencial pleno de tudo aquilo que Deus planejou para elas.

Que este livro transmita a você ânimo na caminhada e que as outras que a precederam consigam "captar a mensagem" e a aplaudam nas arquibancadas.

1

Deus não cometeu um erro

Em pé na viela de concreto que delimitava o quintal de nossa casa de três quartos em Cape Cod, fixei o olhar nos fundos da casa. Usando bermudões vermelhos que eu chamava de "pedaladores" e sandálias de tiras que eu chamava de "sandálias de dedo", observei a densa umidade de uma tarde preguiçosa de Chicago pairando pesadamente no ar.

Do lugar em que me encontrava na viela, eu podia ver com facilidade o quintal de nossos vizinhos da esquerda, a família Johnson, cuja casa espaçosa de tijolos amarelo-claro ocupava a esquina inteira da rua de nosso bairro. À direita, havia um quarteirão perfeitamente quadrado de grama recém-cortada que formava o quintal de Janet, minha melhor amiga. Era ali que montávamos o circo de três picadeiros, brincávamos com vários tipos de jogos e onde minha voz (às vezes, descrita como "mandona") ecoava para criar todos os tipos de aventuras e produções. No entanto, naquele dia, eu estava sozinha, em silêncio e pensativa demais para uma menina de 10 anos que gostava de falar muito. Por alguns breves momentos, desliguei-me daquela menina magrinha de cabelos lisos no final da década de 1960 e vislumbrei meu futuro.

Quero viver de maneira diferente de minha mãe e das outras mulheres deste bairro. Elas limpam a casa, cuidam dos filhos e esperam até as 17h30 quando o marido entra com o carro na garagem. Será que existe alguma coisa errada comigo por eu ser menina e não querer esse mesmo tipo de vida? Amo minha mãe, mas acho que deve existir alguma coisa diferente para mim, e estou determinada a descobrir qual é. Sou inteligente, as outras crianças daqui parecem seguir meu exemplo e tenho muitas ideias. Vou fazer diferença neste mundo. Vou sim, vou sim, vou sim.

Aquele momento de definição e determinação foi interrompido pelo chamado de minha amiga Janet, acenando para que eu fosse brincar com ela. Voltamos ao nosso lugar preferido no verão — a sacada de concreto da casa dela —, tentando decidir o que faríamos em seguida.

— O que você quer fazer? — uma de nós costumava perguntar.

— Não sei. O que você quer fazer? — era a resposta inevitável.

Ah, a bênção de momentos tão inesperados como aquele começava a amadurecer para produzir uma nova explosão de criatividade! Retornei ao ritmo das brincadeiras e diversões que marcaram os verões quentes e úmidos de minha infância, guardando no coração as perguntas com as quais lutei na viela.

Hoje, décadas depois, entendo que minha mãe fazia parte de uma geração que lhe determinava uma função distintamente limitada, muito distante das opções que eu um dia escolheria. Ela não diferia em nada de todas as outras donas de casa da Prospect Avenue. Além de se sobressair na cozinha, na máquina de costura e em outras tarefas domésticas, mamãe sabia fazer de nossa casa um lar acolhedor para a família. Durante o curso primário, minha irmã, meu irmão e eu voltávamos todos os dias para casa para saborear um almoço tranquilo. Mamãe fazia sopa de tomate e sanduíches de queijo grelhado que aqueciam nosso estômago, enquanto lia histórias para nós. Insistíamos em que ela lesse só mais um capítulo recheado de suspense. Queríamos saber como a história terminaria antes de voltar à escola para o turno da tarde. Mamãe estava *sempre presente*, e hoje, quando faço uma retrospectiva, vejo como passei a depender de sua presença confortadora.

Minha mãe, uma mulher que cresceu durante os anos da Depressão, não teve oportunidade de cursar o ensino médio. Casou-se com meu pai em 1946, logo após ele ter voltado da Segunda Guerra Mundial, na qual pilotou jatos de combate. A trajetória de mamãe foi traçada desde o início, e ela fez o melhor possível para satisfazer às expectativas de uma dona de casa trabalhando em período integral. Com sua personalidade cativante, excelente senso de humor e rapidez de raciocínio, minha mãe teria feito escolhas diferentes se tivesse nascido em outra época. Depois que os filhos cresceram um pouco, ela conseguiu um emprego em nosso colégio, onde seus talentos administrativos despontaram e caíram no gosto de todos. Ela também tinha o dom da caridade e continuou a visitar os "idosos" mesmo depois de completar 80 anos! Minha mãe leva alegria a toda festa a que comparece, e muitas pessoas a chamam de *amiga*.

No entanto, naquele dia na viela, eu ainda desconhecia os dons emergentes de minha mãe. Eu a via através de lentes muito estreitas. E, às vezes, perguntava-me se haveria algo de errado comigo por gostar muito de liderar (embora não usasse essa palavra) e interessar-me mais em ver os jogos do Chicago Bears com meu pai do que participar de qualquer atividade doméstica. No fundo, eu queria saber se era mais semelhante a um garoto e se Deus não cometera um erro quando me fez. Essas preocupações permaneciam sob a superfície de minha infância feliz.

Na sexta série, fui a primeira aluna na história da escola de ensino fundamental a ser eleita presidente do conselho. Mais uma vez, eu me perguntei se aquilo estava certo — se eu era normal ou um tipo de aberração. Os cursos de ensino fundamental e ensino médio ofereceram-me muitas oportunidades de me sobressair academicamente, no teatro e na oratória, como capitã da torcida organizada e como principal influenciadora no grupo de jovens de minha igreja. Em quase todos os ambientes, eu me destacava como líder do grupo. Meus colegas de classe elegeram-me a *Personalidade mais marcante* e *Mais destinada ao sucesso* — honrarias que me surpreenderam e, ao mesmo tempo, agradaram-me, porque eu esperava secretamente ser bem-sucedida e amada por todos.

Quando estava com 15 anos, dois novos pastores, ambos jovens, chegaram à nossa pequena igreja evangélica. Dave Holmbo tinha o dom da música e era um artista incrivelmente criativo. Seu amigo, Bill Hybels, era um rapaz vibrante que nos conduzia por meio de seu exemplo e ensinamentos.

Na ocasião, nosso grupo de jovens chegava a contar com a presença de 50 alunos nas noites de tempo agradável. Os ensinamentos de Bill, as ideias infinitamente criativas de Dave e um derramamento inequívoco do Espírito Santo foram, de certa forma, responsáveis pela mudança de vida que começou a se manifestar naquele pequeno grupo — algo que a maioria de nós ainda não enxergara. O grupo todo sentiu o desejo ardente de falar do amor transformador de Jesus aos colegas de escola. Oramos, jejuamos e começamos a planejar experiências para transmitir as verdades bíblicas de forma relevante e criativa a nossos amigos. Dois anos depois, quando eu estava terminando o ensino médio, mais de mil alunos lotavam nossos bancos brancos todas as semanas, e centenas se converteram. Tínhamos a sensação de estar no meio de um milagre da era moderna.

Parte daquele milagre em relação a mim foi que aprendi a me ver de forma diferente por causa da maneira pela qual Bill e Dave me viam. Ambos observaram meus talentos e deram-me oportunidades de praticá-los. Eles me descreviam como líder, como uma força criativa, uma pessoa capaz de influenciar e impactar outras. Depois que esses dons foram identificados, comecei a me destacar um pouco mais e adquiri mais confiança em mim. Com Dave, tive a oportunidade de ser mais criativa, particularmente na arte dramática. Montei uma equipe de atores e escritores e também colaborei no projeto geral de nossos eventos semanais. Bill fez vir à tona os meus dons de liderança por ter visto em mim a principal incentivadora do grupo.

Quando chegou o momento de estruturar aquele grupo cada vez maior de jovens em equipes menores, Bill e Dave decidiram que cada equipe seria dirigida por um "capitão". Pediram que eu me reunisse com eles e disseram mais ou menos isto: "Nancy, você é uma grande líder e poderia ser a capitã de uma equipe. Mas, por ora, achamos que essa função deve ser atribuída aos rapazes. Temos uma função de liderança para as garotas, a quem chamaremos de 'secretárias' [que ironia!], e gostaríamos que você atuasse como secretária de um dos capitães mais fracos, para colaborar com ele". Assim, passei a ser secretária da equipe comandada por Mark, um rapaz tão novo na fé cristã e em qualquer outro tipo de liderança que chegou a me pedir que escrevesse todas as palavras que ele deveria dizer nossa equipe. Eu funcionava como uma sombra, liderando por trás de Mark. Com o tempo, ele amadureceu, transformou-se em um cristão de grande destaque e continua a exercer um papel importante em nossa igreja até hoje.

Por ser uma jovem com o dom de liderança, entendi a mensagem com todas as letras: Você não serve.

As mulheres da igreja na qual cresci não ocupavam cargos de liderança, com exceção de ministérios para crianças e grupos para mulheres. Os homens eram *diáconos*; as mulheres, *diaconisas*. As diaconisas precisavam ter o dom da hospitalidade porque eram elas que forneciam alimento aos necessitados e cuidavam das obras de caridade. Nenhuma mulher participava do comando da igreja nem falava no púlpito aos domingos, a não ser para dar algum aviso. Por ser uma jovem com o dom de liderança, entendi a mensagem com todas as letras: *Você não serve*. Mesmo assim, pus a cabeça no lugar e decidi fazer o máximo para ser a melhor *secretária*. Posteriormente, organizei uma equipe de arte dramática para aquele grupo de jovens, que veio ao encontro de meu amor pela arte criativa e teatral.

Enquanto eu prosseguia com meus planos para estudar na faculdade, conseguir uma vaga no mercado de trabalho e, por fim, receber o diploma, continuei a investigar o significado de ser mulher e líder em vários campos de atividade. Na faculdade, bem como no mercado de trabalho, percebi que havia poucos limites até onde eu queria chegar — ou nenhum limite. As barreiras para as mulheres estavam se tornando cada vez menores naquelas áreas.

Concentrei meus sonhos para o futuro no mundo do cinema e da televisão, pensando que talvez pudesse fazer diferença para Deus levando a presença e a visão cristãs para Hollywood. No entanto, enquanto estudava e me preparava para seguir a carreira de produtora, uma voz suave sussurrava dentro de mim que talvez, apenas talvez, meus dons devessem ser investidos na igreja. Como artista e líder, meu primeiro pensamento a respeito daquela ideia foi que ela era uma *opção destinada ao fracasso*! Imaginava que apenas os tipos menos criativos, sem condições de fazer sucesso na Broadway ou em Hollywood, poderiam ser usados na igreja. E, se acrescentássemos àquela situação o pequeno detalhe de que eu era uma mulher com dons de liderança, tal pensamento beirava o absurdo. De onde me veio a ideia de que *aquilo* funcionaria na igreja? *Teria possibilidade de sucesso?* De jeito nenhum!

Mesmo assim, aquele sussurro persistente em meu coração não silenciava. Em um verão, quando eu era uma jovem recém-casada com formação universitária, lutei com Deus em nosso quintal. Por meio da oração, da escrita de um diário e até mesmo discutindo com Deus, finalmente eu disse sim à ideia que me causou resistência por tanto tempo. Aceitei trabalhar em período integral na igreja que nasceu daquele grupo de jovens em ascensão: a Willow Creek Community Church.

Meu título, diretora de programação, descrevia minha nova função. Agora eu era responsável pelo ministério de artes da igreja e de cada parte de nossos cultos semanais, com exceção da mensagem. Respondia diretamente ao pastor sênior, Bill Hybels, e atuava na primeira equipe de administração da igreja. Minha jornada como mulher líder na igreja começara oficialmente.

Muito tempo se passou desde que aquela menina vislumbrou seu futuro. Às vezes, eu gostaria de voltar no tempo e sentar-me naquela viela, ao lado da criança que eu era tantos anos atrás. Se pudesse chamar a atenção dela e olhar dentro de seus olhos azuis tão cheios de esperanças e incertezas, eu lhe diria:

Nancy Lee, Deus não cometeu um erro quando fez você. Quando os dons foram distribuídos no céu, os anjos não disseram: "Epa! Este bebê é uma menina — não podemos dar a ela o dom de liderança!". A Bíblia diz em 1Coríntios 12 que o Espírito Santo distribui os dons a cada um, como quer. Cada dom que você recebeu, Nancy, veio das mãos do Pai amoroso que a formou no útero de sua mãe. Ele se alegra ao ver a pessoa na qual você está se transformando. Você não é um acidente nem menos feminina só porque gosta de liderar, é inteligente e cheia de sonhos e objetivos. Esses sonhos procedem de seu Criador, acompanhados de seus instintos de liderança e paixão para fazer diferença. Não há nada de errado com você.

Sei que você não vê mulheres liderando como deveriam em sua igreja, mas isso não significa que essa seja a vontade de Deus. E esteja certa disto: um dia você terá de prestar contas do que fez com os dons que recebeu e de como administrou sua vida. E não pense que encontrará uma saída fácil, desculpando-se por ser mulher. Você recebeu o dom de liderança.

Portanto, persevere, garota, porque você está prestes a embarcar em uma grande aventura, uma aventura que talvez não consiga sequer imaginar. O caminho não será fácil, e, às vezes, você se sentirá assustada, sozinha e perguntará a si mesma se valeu a pena. Deus, porém, nunca a abandonará — ele tem um plano para dar a você um futuro e uma esperança. Confie nele e nunca pare de prestar atenção à voz suave que ele pôs dentro de você. E não se esqueça de curtir a aventura!

Se você que está lendo este livro é uma mulher líder, insisto em que leia os três parágrafos anteriores mais uma vez, com uma modificação importante — desta vez troque o meu nome pelo seu. Acredito que esta seja a mesma mensagem que o Criador tem para você. Definitivamente, você *não* é um erro. Oro para que se envolva inteiramente na aventura perigosa e emocionante de contribuir com sua liderança para promover o Reino de Deus. E espero que você, assim como eu, não se esqueça de curtir a aventura.

2

Bem-vinda ao Clube do Bolinha

Quatro pares de olhos masculinos cravados em mim. Rory, Tom, Judson e Joel. Aqueles quatro rapazes formavam minha primeira equipe de trabalho na nova posição que eu ocupava como "diretora de programação" da Willow Creek — um título criado por meu pastor para descrever minha nova posição. Eu tinha a responsabilidade de liderar um pequeno grupo de trabalho e muitos voluntários no processo de criar e executar os cultos semanais da igreja. Nenhum deles trabalhara sob a direção de uma mulher antes. Apesar de atuarmos juntos na igreja há vários anos, havia uma grande diferença entre trabalhar como voluntária ao lado deles e ser chefe deles. Sim, lá estava eu, prestes a dirigir nossa primeira reunião de trabalho, sabendo como era importante começar da maneira correta.

Respirei fundo e decidi que talvez fosse recomendável criar um ambiente de aproximação no grupo, por isso fiz algumas perguntas como ponto de partida — perguntas simples como estas: "Como foi o seu fim de semana?"; "Fez alguma coisa divertida?"; "Como vai sua família?". Tão logo constataram que eu não tencionava mergulhar imediatamente na pauta de trabalhos, eles começaram a tentar demonstrar interesse. Esforcei-me para dar um exemplo de vulnerabilidade contando fatos ocorridos no fim de semana com meu marido, Warren, e nossas tentativas desastradas de consertar o chuveiro e o vazamento no telhado da casa. Os rapazes gostaram de ouvir histórias sobre a falta de jeito de meu marido para pequenos consertos domésticos — a maioria daqueles homens com talentos artísticos identificou-se rapidamente com outro homem que não possuía sequer uma caixa de ferramentas. E assim começamos a caminhar juntos, consolidando nossa amizade e, ao mesmo tempo, aprendendo a pôr a mão na massa. Com o tempo, o grupo aumentou para oito homens que se intitularam "Os rapazes da praia", para fazer um trocadilho com meu sobrenome.[1]

Aos 27 anos de idade, eu não tinha muita experiência em qualquer tipo de liderança formal, mas sabia o suficiente para entender que seria muito importante começar bem e estabelecer relacionamentos marcados por respeito e confiança mútuos. Reconhecia que tinha muito a aprender, por isso fazia uma grande quantidade de perguntas para extrair conhecimentos de cada membro da equipe. Rory e Tom ensinaram-me muito sobre música; Judson e eu tentamos formar uma filosofia em torno do uso da dramaturgia na igreja; e Joel preencheu minha área mais fraca: a das artes técnicas.

Logo depois de ter assumido aquela nova função, ingressei na primeira equipe de administração da igreja, um grupo de líderes subordinado ao nosso pastor sênior. A princípio, aquela equipe básica incluía apenas quatro pessoas, e eu era a única mulher. Aqueles eram meus colegas, líderes de ministério com os quais eu precisava estabelecer estratégias, colaborar e aprender a jogar limpo. Nenhum deles trabalhara com tal proximidade com uma mulher líder. Naqueles primeiros dias, lotávamos o carro de Bill Hybels todas as terças-feiras para almoçar em um restaurante da cidade, onde nos sentávamos em um canto sossegado para tratar dos assuntos da igreja. Depois de tantos anos, ainda me lembro do prato que a maioria deles pedia rotineiramente. Com o tempo, a equipe aumentou para dez, e, por muitos anos, continuei sendo a única mulher. Por fim, acrescentamos outra mulher líder, seguida de mais duas.

Décadas depois, entrei em uma sala de reuniões luxuosa, um ambiente composto por uma mesa grande e imponente e cerca de 20 cadeiras confortáveis, todas com rodinhas. Eu havia sido convidada para participar da diretoria da Willow Creek Association como novo membro da equipe de liderança. Quando puxei a cadeira para perto da mesa, olhei ao redor e pensei: "Ora, ora, aqui estou eu novamente". Eu era a primeira mulher a fazer parte daquele círculo de liderança de quinze anos.

---

[1] *Beach* significa "praia". [N. do T.]

Naquele momento, um pensamento ocorreu-me: em todas as equipes de liderança das quais fiz parte ao longo dos anos, sempre me senti o *experimento*, a exceção, a única que de vez em quando usava saia e não pertencia ao Clube do Bolinha. Imagino que a experiência não tenha sido muito diferente de qualquer pessoa que seja a minoria em qualquer círculo de líderes, em termos de raça, idade ou sexo.

Acho que muitas mulheres se identificam com esse tipo de experiência. Você se identifica? Sente-se, às vezes, completamente sozinha quando lança um novo desafio à sua igreja ou a uma organização ligada a ela só pelo fato de ser a primeira mulher na função que ocupa? Já houve reuniões para as quais não foi convidada ou funções que foi considerada incapaz de exercer só por ser mulher? Com base no número de telefonemas e *e-mails* que recebo e em conversas pessoais com mulheres em cargos de liderança na igreja, sei que a experiência não diz respeito só a mim.

Em todas as equipes de liderança das quais fiz parte ao longo dos anos, sempre me senti o experimento, *a exceção, a única que de vez em quando usava saia e não pertencia ao Clube do Bolinha.*

O FARDO DE SER UM ÍCONE

Li recentemente uma citação estarrecedora do venerável presidente do conselho do departamento de Estudos Afro-americanos de Harvard, Henry Louis Gates Jr. Ele descreve, de maneira comovente, suas experiências como único negro em uma variedade de ambientes. Explica qual é a sensação de carregar o "fardo de ser um ícone". Essas palavras saltaram da página direto para meu coração e minha mente — é exatamente assim que me sinto! Muitas pessoas pertencentes às minorias sentem o peso de ter de representar bem sua raça inteira ou todas as pessoas de seu sexo.[2]

---

2 Fels, Anna. **Necessary Dreams**. New York: Pantheon, 2004, p. 193.

Só recentemente, passei a admitir a intensa pressão que sentia como "mulher ícone", quando tirei um descanso sabático de seis meses para recuperar as forças e buscar orientação para a próxima temporada de ministério. Enquanto escrevia meu diário e tentava resolver algumas experiências difíceis com um conselheiro profissional, eu não podia negar o peso do fardo que vinha carregando. No íntimo, eu sabia que, se exagerasse na dose — em termos profissionais, morais ou de outra forma qualquer —, alguém logo diria: "Veja! É o que acontece quando colocamos uma mulher na liderança da igreja". Eu estava determinada a ser um exemplo firme em prol das mulheres que viessem depois de mim, na esperança de deixar o caminho delas um pouco mais suave. Assim que comecei a reconhecer o estresse de levar adiante minha função, senti-me livre para analisar minha jornada inteira com mais objetividade, procurar oportunidades para contar minha história a outras pessoas e falar da sensação de peso que eu carregava, em vez de viver isolada.

Meu sentimento de solidão estava enraizado em grande parte no fato de que me faltavam exemplos para eu me espelhar no dia a dia. Havia muitas mulheres atuando na Willow na década de 1980, mas, naquela época, nenhuma ocupava cargos importantes de liderança. Duas mulheres colaboravam com os presbíteros da igreja, mas nunca estive presente às reuniões, por isso não pude observá-las em ação. Na maioria das manhãs, quando saía para o escritório, eu pensava o tempo todo no desafio de organizar o ministério de artes, em simplesmente trabalhar para ampliar nossa equipe e criar cultos eficientes e relevantes na igreja. Aparentemente, não tive de me dar ao luxo de investir uma grande dose de energia para descobrir como ser a primeira mulher líder na equipe de administração.

CARÁTER EM PRIMEIRO LUGAR

Hoje, ao fazer uma retrospectiva, vejo que fui grandemente abençoada com a graça de Deus naqueles anos de treinamento em liderança. Apesar de me sentir sozinha e não ter outras mulheres líderes como conselheiras, fui agraciada por meu Criador com alguns instintos que me ajudaram a evitar armadilhas extremamente destrutivas, enquanto tentava abrir caminho para ingressar no Clube do Bolinha. O instinto mais significativo de todos foi a sensação de que, acima de tudo, aquilo que mais pesa em meus esforços para liderar e me relacionar com o grupo de modo satisfatório é o meu caráter. Em geral, quando ouvimos a palavra "caráter", pensamos em uma pessoa honesta, confiável e decente. Uso a palavra em um sentido muito mais amplo, conforme Henry Cloud faz em seu livro excelente, intitulado *Integrity* [Integridade]. Henry ressalta que "aquilo que a pessoa é determinará, em última análise, se seu cérebro, seus talentos, suas competências, sua energia, seus esforços, sua capacidade para negociar e suas oportunidades terão êxito".[3] O caráter é fundamentalmente o ponto vulnerável da liderança — quem somos quando não há ninguém por perto *e* como nos relacionamos com outras pessoas.

Acima de tudo, aquilo que mais pesa em meus esforços para liderar e me relacionar com o grupo de modo satisfatório é o meu caráter.

Se esse entendimento mais amplo das peculiaridades do caráter parecer exagerado, talvez um exemplo possa ajudar. Nos últimos tempos, fiz amizade com Marlinda Ireland, a pastora que dirige o ministério de artes e adoração na Christ Church em Montclair, Nova Jersey. A primeira vez que nos encontramos, fiquei impressionada com a amabilidade e a perspicácia de Marlinda, com sua inteligência marcante e eloquência. Nesse período de amizade, palestramos nos mesmos eventos, conversamos por telefone e trocamos *e-mails*. Mas só recentemente tive a oportunidade de visitar Marlinda em seu território particular, trabalhando com os artistas que ela dirige em sua igreja. Ao ver o relacionamento de Marlinda com sua equipe, tive a certeza de que ela é uma mulher de caráter firme. Observei a graciosidade dessa mulher enquanto conduzia e instruía o grupo, sempre dizendo palavras de incentivo, ouvindo atentamente as

[3] New York: HarperCollins, 2006, p. 8.

opiniões e tomando decisões ponderadas. Vi o reflexo do caráter de Marlinda na cultura que ela criou na Christ Church, por ter investido durante anos no relacionamento com as pessoas. Não podemos separar a maneira de alguém se relacionar com os outros do nosso entendimento fundamental a respeito do caráter.

Muito tem sido escrito nos anos recentes sobre a necessidade de inteligência emocional e relacional em nosso ambiente de trabalho. Estudos mostram que essas habilidades são os maiores determinantes para o sucesso no longo prazo. Elas estão acima de todas as outras características de personalidade, em qualquer esfera. Mesmo que a importância disso não seja de nosso agrado, a verdade é esta: os líderes recebem apoio e têm seguidores quando são mais *agradáveis* — dignos de confiança, receptivos e bons companheiros. Isso se aplica tanto a homens quanto a mulheres.

Quando se trata de análise do caráter, eu a encorajo a prestar atenção a pelo menos quatro características principais: humildade, autoconfiança, senso de humor e integridade.

Humildade

Pensei, durante muito tempo, que humildade significava não exaltar nossos dons, atribuindo tudo a Deus, ou caminhar pela vida sem nos dar o devido valor. No entanto, essa *não* é a descrição bíblica de humildade. Humildade é, em essência, ver a si mesmo com ponderação e não concentrar-se no próprio eu a ponto de esquecer a função do Senhor soberano, bem como o valor e as contribuições inestimáveis das outras pessoas. Gosto da paráfrase de Eugene Peterson a respeito da perspectiva de Paulo sobre esse assunto: "Não forcem seu caminho para a frente; não queiram chegar ao topo por meio de bajulações [...] não tenham obsessão por conseguir vantagens próprias" (Filipenses 2.3; *MSG*, tradução livre).

Todos nós somos capazes de sentir o cheiro do orgulho ao nosso redor. Os líderes orgulhosos distanciam-se dos outros com uma atitude que, de modo sutil ou ostensivo, indica que tudo gira em torno deles. As mulheres líderes têm, às vezes, a tendência de exibir orgulho por necessidade de autoafirmação, ansiando por serem notadas ou querendo receber créditos por suas ideias. Quando sinto o orgulho tentando invadir minha alma, faço imediatamente uma autoanálise para verificar sua origem. Na maioria das vezes, o orgulho brota de uma compreensão incompleta da maravilha e majestade de Deus e de aceitar mecanicamente sua graça e bênçãos. Quando fixo minhas raízes na verdade de quem é Deus — e de quem eu sou como sua filha —, sou conduzida ao lugar seguro da genuína humildade.

O rei Salomão, um jovem rico, de influência e poder inigualáveis, teve mais motivos que a maioria de nós para encher-se de orgulho. Quando Deus se dispôs a conceder todos os dons e riquezas que ele desejasse, sabemos que Salomão pediu o dom da sabedoria. Fico estarrecida diante do que ele disse a Deus pouco antes de fazer seu pedido: "[...] eu não passo de um jovem e não sei o que fazer. [...] Dá, pois, ao teu servo um coração cheio de discernimento [...]" (1Reis 3.7,9). Acima de tudo, Salomão considerava-se uma criança, necessitando desesperadamente da direção do Pai celestial. Quando nos vemos corretamente sob esse ângulo, a humildade passa a ser um resultado natural.

Sinto vergonha de admitir que, às vezes, permiti que o orgulho se instalasse dentro de mim quando meu ministério prosperou e cresceu, quando tudo parecia ir de vento em popa e da maneira certa. Nesses tempos de sucesso, eu me convenço no íntimo de que sou mais responsável pelos frutos colhidos do que realmente sou. Mas, de repente, sou despertada desse devaneio. Um exemplo ocorreu poucos anos atrás quando uma palestra que planejei não alcançou seus objetivos em termos de número de participantes. Fiquei profundamente decepcionada e senti-me um fracasso. É nesses momentos que o orgulho cai por terra e nos vemos novamente como Salomão se viu — *apenas uma criança*. Embora eu sinta o desejo de ser humilde, quer meu ministério esteja em ascensão, quer esteja em queda, sei que tenho a tendência de depender mais de Deus quando estou desesperada. Estou aprendendo a reconhecer sua graça e provisão mesmo em tempos de sucesso e a atribuir a ele a adoração e a gratidão que ele merece.

Autoconfiança

Muitos líderes cristãos questionam se é possível ser humilde e autoconfiante ao mesmo tempo. Por uma razão ou outra, vemos isso como uma contradição. Repito, creio que temos uma ideia errada da verdadeira humildade.

Deus espera que os líderes trabalhem com diligência e intrepidez, principalmente quando somos chamados a lançar um ideal e inspirar pessoas. Quando olhamos para as mulheres líderes na Bíblia, incluindo Miriã, Ester, Débora e Priscila, vemos manifestações de confiança concedidas por Deus que as levaram a ser bem-sucedidas. Ninguém gosta de seguir um líder que age por meio de tentativas e não tem firmeza quanto a suas decisões e pontos de vista.

Quando dirigi o ministério de artes em minha igreja, tive de tomar inúmeras decisões todos os dias. Houve ocasiões em que meu corpo e minha mente queriam protelar algumas daquelas decisões, reunir mais informações, empurrar a responsabilidade para outra pessoa em vez de ter a coragem de *tomar a decisão*, certa ou errada, no momento apropriado.

Muitas de nós também sentimos um desequilíbrio quando tentamos liderar com confiança porque receamos nos tornar muito ambiciosas ou interessadas em adquirir poder. Quase sempre, pergunto-me se o tipo certo de ambição santa — o desejo de liderar e fazer diferença — poderia levar-me a seguir o caminho da arrogância. Você não acha que esse dilema está enraizado até nos círculos cristãos? A mulher cristã temente a Deus é, em geral, descrita como amável, submissa, tranquila, meiga e disposta a servir em segundo plano. Todas essas qualidades são admiráveis, mas algumas de nós temos personalidade marcada pela força, e outras não são tão tranquilas assim!

Frequentemente, converso com mulheres líderes em outras igrejas. Uma delas, Jayne Post, foi nomeada recentemente para ocupar o cargo de diretora dos ministérios de evangelização em sua igreja em Las Vegas; ela também é palestrante profissional e atriz. Todas as pessoas que veem Jayne pela primeira vez observam imediatamente sua personalidade expansiva e vibrante. Todas as vezes que Jayne entra em um recinto, alguma coisa acontece! Ela é uma líder arrojada e firme, que inspira as equipes a "forçar um pouco mais a barra" e a enfrentar os desafios complexos do ministério.

Muitas de nós também sentimos um desequilíbrio quando tentamos liderar com confiança porque receamos nos tornar muito ambiciosas ou interessadas em adquirir poder.

Quando Jayne e eu conversamos por telefone, vejo que ela está tentando encontrar uma forma pessoal de levar adiante sua nova função na igreja. Está tentando usar sua sensibilidade para atender às expectativas dos homens líderes que acharam por bem dar-lhe a oportunidade, mas não à custa de abafar por completo sua personalidade. Às vezes, ela questiona se, um dia, se enquadrará no contexto de uma igreja. No mundo profissional, a confiança é considerada pela maioria um positivo traço de caráter. Mas, na igreja, algumas pessoas não têm muita certeza disso. Quando um homem exibe determinados comportamentos, ele é descrito como *positivo*. A mulher que age da mesma maneira é descrita como *agressiva* — ou pior. Jayne está tentando fazer parte do Clube do Bolinha, e eu a tenho incentivado a prosseguir, a buscar informações com seus colegas e a não mudar sua personalidade inteira na tentativa de exibir uma imagem imposta pelos outros. Ela entende que está abrindo caminho, mesmo com pequenos passos, para outras mulheres com os mesmos objetivos.

Muitas mulheres líderes se desculpam, às vezes, por seus objetivos e paixão pelo trabalho, deixando a impressão de que são inseguras e não têm firmeza quando se trata de tomar decisões. Isso também se aplica aos ambientes fora da igreja. Por exemplo, a atriz Amy Poehler descreveu como se sentiu por ter sido uma das poucas mulheres que criaram o programa *Saturday Night Live*. Ela disse: "As mulheres quase sempre se acham um pouco audaciosas quando decidem ser diretoras, produtoras ou chefes de redação. Há uma sensação estranha de que, às vezes, estamos ocupando muito espaço".[4]

Precisamos parar de nos desculpar por nossos dons e oportunidades! Não ocuparemos muito espaço se tivermos a intenção de cumprir um chamado feito por Deus — um chamado que talvez exija de nós apenas arregaçar as mangas, respirar fundo e começar a liderar.

Quando entro em um recinto no qual a maioria dos líderes, ou todos, é composta de homens, tenho de conversar muito comigo mesma para reunir coragem e convencer-me de que estou no lugar certo. Pouco tempo atrás, fui convidada a participar de um jantar de pastores, todos do sexo masculino, enquanto estava trabalhando fora da cidade. Vários daqueles homens eram muito conhecidos no mundo da igreja, e eu era a única mulher no jantar que não trabalhava como assistente deles. No início da refeição, senti-me um pouco intimidada e fora de lugar. Então murmurei: "Tenha uma conversa com esses homens e não tente impressioná-los. Você foi convidada para participar deste círculo; portanto, seja autêntica e deixe a conversa fluir. Veja o que poderá aprender e contribua com o diálogo com base em sua experiência". Em resumo, acabei gostando da refeição e da conversa produtiva em vez de acovardar-me e agir como se não fosse bem-vinda ao grupo.

É realmente possível ser humilde *e* confiante. Deus criou os homens e as mulheres com dons e inteligência; portanto, ele espera que administremos esses dons com intrepidez, avançando sempre com os olhos fitos nele, e que lideremos com a firmeza, a visão e o entusiasmo que ele nos concede. Mesmo em ambientes nos quais as pessoas não estão acostumadas a ver mulheres exibindo

[4] Apud RYAN, Maureen. Tina Fey's climb to the top of the comedy heap. **Chicago Tribune**, set. 2007.

confiança, não devemos refrear nossos esforços para administrar as tensões entre intrepidez e delicadeza, autoridade e colaboração, força e vulnerabilidade.

Humor

Nessa minha jornada como mulher líder na igreja, o senso de humor tem sido um dos meus maiores aliados. É comum começarmos a levar tão a sério o nosso modo de agir ou a situação em que nos encontramos a ponto de deixarmos de nos divertir e de descobrir aspectos que transformam qualquer experiência de ministério em alegria, não em batalha constante. Costumo rir com meus colegas de ministério até sentir dor de estômago, e isso ocorre mais vezes do que sou capaz de enumerar. Os rapazes com quem trabalho sabem que sou rápida em rir de mim mesma — porque cometo muitos erros e faço coisas dignas de boas gargalhadas.

Anime-se e disponha-se a rir de si mesma e a rir com seus colegas — seus problemas ficarão mais leves e o ministério será muito mais divertido.

Cerca de um ano atrás, passei a trabalhar com outro grupo, que anteriormente era composto só de homens. Esses quatro rapazes haviam trabalhado juntos por vários anos com muita competência e eram conhecidos por sua confiança e respeito mútuos. Eu sabia que eles estavam correndo um grande risco ao me incluir em seu círculo fechado, porque sentiam-se muito confortáveis como um grupo exclusivamente masculino. Um dia, logo após eu ter começado a trabalhar com o grupo, estávamos viajando de carro juntos por cerca de noventa minutos, voltando de um compromisso no extremo sul de Chicago. Começamos a rir de alguns problemas ocorridos naquela reunião, e eu senti um clima de cordialidade enquanto compartilhávamos nossas experiências.

Decidi, então, correr um risco. Contei aos rapazes uma histó-ria divertida dos tempos em que namorava meu marido, uma história que revelou algo que me acontece frequentemente: ficar envergonhada por ter usado a palavra errada.

Enquanto eu contava a história, meus colegas caíram na gargalhada e senti que algumas barreiras começaram a ser demolidas em nosso relacionamento. É comum o humor causar esse efeito. Anime-se e disponha-se a rir de si mesma e a rir com seus colegas — seus problemas ficarão mais leves, e o ministério será muito mais divertido.

Integridade

Em seu livro *Integrity*, Henry Cloud lembra-nos que todo líder deixa para trás uma espécie de sulco, da mesma forma que o barco deixa um sulco na água enquanto se movimenta. A pergunta é que tipo de sulco, ou legado, estamos criando dia após dia. Cloud faz esta pergunta a respeito de nossos liderados: "Eles diriam que suas experiências conosco os deixaram melhores por termos 'nos movimentado através da vida deles' ou diriam que isso os deixou piores?".

No final, nada será mais importante que a integridade demonstrada por um líder. Será que nos estamos tornando cada vez mais semelhantes a Jesus em termos de amor, bondade, alegria, honestidade, sabedoria e todos os outros frutos de uma vida controlada pelo Espírito? Estamos dispostas a enfrentar as verdades acerca de nós e das realidades de nosso ministério e a lutar com elas? Pode não parecer justo, mas, em alguns ambientes, o caráter das mulheres é examinado de maneira mais minuciosa, e precisamos prestar muita atenção à nossa alma para passar no teste.

Não há dons de liderança ou talentos naturais, por mais aprimorados que sejam, capazes de compensar a falta de integridade.

Costumo refletir sobre questões como estas: Quem eu sou quando estou sozinha? Quem eu sou quando interajo com meu marido e filhas ou quando tenho a oportunidade de dizer palavras depreciativas a respeito de outro líder para exaltar minhas qualidades?

E quando opto entre cuidar de meu próximo ou esconder-me em casa? E quando pego o talão de cheques e vejo onde investi meus recursos? E quando discordo dos outros em uma reunião?. As respostas a essas perguntas são verdadeiros testes de caráter. Todos esses momentos e milhares de outros formam um sulco de integridade ou um sulco de fraqueza, de caráter egoísta. Preciso submeter-me às disciplinas espirituais (passar um tempo a sós com Deus é especialmente importante para mim) e às verdades que ouço de algumas amigas sinceras que me amam, se quiser ter a esperança de liderar por meio de uma vida devota, conforme é o meu desejo. Não há dons de liderança ou talentos naturais, por mais aprimorados que sejam, capazes de compensar a falta de integridade.

Todos nós conhecemos um líder que não usou todo o seu potencial em razão de uma fraqueza em um ou mais desses traços de caráter. Em meu primeiro emprego fora da faculdade, meu chefe era considerado por muitas pessoas um homem brilhante no campo das comunicações corporativas. Ele havia organizado um departamento em uma empresa de grande projeção, que se distinguia de qualquer outro em termos de funcionários altamente qualificados, equipamentos de primeira qualidade e resultados espetaculares. Mas ninguém gostava de trabalhar com aquele homem. Aliás, todos tinham medo dele e se sentiam enredados em uma teia inadequada de relacionamentos, que carecia de sinceridade e abafava a alegria, a liberdade e a criatividade. A maioria dos funcionários não expressava suas preocupações acerca do chefe. Um dia, porém, a verdade chegou aos ouvidos de seus superiores, e eles contrataram um consultor altamente remunerado para avaliar a situação e fazer recomendações a fim de promover uma mudança.

O consultor conversou reservadamente com cada um de nós, prometendo manter sigilo sobre nossos comentários, mas vasculhando tudo para entender nossa opinião. Nunca me esquecerei do dia em que os empregados se reuniram em um local neutro, fora das instalações da empresa, e o chefe entrou em uma sala de reuniões com as paredes cobertas de folhas de papel relacionando todos os comentários que seus funcionários fizeram a respeito dele. Parecia uma intervenção. Depois que tudo foi dito e feito, o homem perdeu seu emprego de grande prestígio. Não lhe faltava talento; ele tinha um desvio de caráter.

Tome a decisão de concentrar-se na humildade, na autoconfiança, no humor e na integridade, se quiser ser eficiente a longo prazo. Homens e mulheres se perfilarão para seguir você, se demonstrar esses traços de caráter. Quando cometer erros — e todos nós cometemos —, as outras pessoas estarão mais que dispostas a reagir com simpatia, ajudar a fazer as devidas correções e seguir em frente. Nunca, jamais, demonstre falta de caráter.

PARA AQUELAS QUE AINDA NÃO FORAM CONVIDADAS A ENTRAR NO CLUBE DO BOLINHA

Creio que algumas mulheres estão lendo este capítulo com um nó na garganta. Se você for uma delas, talvez sinta o desejo de ingressar no Clube do Bolinha e demonstrar na prática sua firmeza de caráter, mas o ambiente de sua igreja nega a você a oportunidade de liderar ou ensinar. Conheço mulheres que se sentem dessa maneira; tenho visto de perto sentimentos de dor e frustração. Também tenho lido suas palavras em *e-mails* e cartas e ouvido seus clamores para entender o que Deus deseja que elas façam quando o caminho para usar seus dons parece bloqueado, árduo, espinhoso e sem perspectivas de mudança. É assim que você se sente?

No encerramento de um congresso na Europa, no qual fiz uma palestra, uma mulher entrou na fila para conversar comigo. Com lágrimas nos olhos, ela me contou que queria ocupar um cargo de liderança em sua igreja, mas só lhe deram as opções de atuar nos ministérios de crianças e entre as mulheres. Sua paixão pelo trabalho na igreja a impulsionava a seguir em outras direções, mas, todas as vezes que tentava abrir uma porta, alguém a fechava com força. Ela queria saber o que deveria fazer, porque sentia a responsabilidade de aplicar seus dons em um círculo mais amplo, mas não conseguia encontrar o caminho para alcançar tal objetivo.

Teresa é outra mulher absolutamente brilhante que conheço. No momento, ela trabalha como reitora na Escola de Divindade de uma universidade famosa. Ao observar seus excelentes dons na área da liderança e como educadora, alguém diria que ela é muito procurada para pôr esses dons em prática em sua igreja. Infelizmente, não é assim. Seu trabalho se resume em lecionar em *workshops* e salas de aula, mas nunca foi convidada a fazer parte do círculo interno de liderança estratégica e educacional da igreja. De segunda a sexta-feira, Teresa brilha ao fazer uso de seus dons. Mas, aos domingos, ela aprendeu a sentar-se na última fileira de bancos.

Sara assumiu recentemente a função de diretora de produção em sua igreja. Esse cargo era ocupado por um homem que fazia parte do grupo de liderança da igreja composto por dez membros. No entanto, as funções intrínsecas ao cargo foram mudadas quando ela o assumiu, em parte porque não acharam conveniente que ela fosse a única mulher naquele grupo de liderança só de homens. Sara apresenta-se todos dias e realiza seu trabalho com alegria e excelência, sabendo que não será convidada a fazer parte do clube.

Eu poderia contar muitas outras histórias, de diferentes igrejas e de diferentes países. Os detalhes talvez não sejam idênticos, mas o espírito da conversa é o mesmo. Todas aquelas mulheres sentiram dor e frustração ao tentar ser aquilo que Deus planejou para elas. Quando olham firmemente para mim em busca de conselho, eu oro imediatamente por sabedoria. Dar um rápido conselho sobre assuntos tão complexos nunca é uma boa ideia. Talvez você se identifique de alguma forma com as histórias dessas mulheres. Vou tentar, com muito cuidado, compartilhar com você o que tenho compartilhado nessas conversas tão complicadas.

Creio que Deus guia as mulheres líderes de uma destas duas maneiras. Primeira, Deus poderá conduzir você a permanecer no lugar onde está, exercendo a contento a função de líder de que foi investida, mesmo que seja aparentemente insignificante, só para você ser um exemplo. Talvez Deus a escolha para trabalhar fora do expediente, com o propósito de descrever um quadro vívido do potencial que as mulheres têm para fazer diferença, e talvez, repito, talvez você venha a ser uma catalisadora para futuras mudanças. Pode ser que não veja muito progresso em sua igreja ou denominação durante o resto de sua vida, mas Deus continuará a chamár você para permanecer fielmente no lugar em que se encontra.

A segunda maneira usada por Deus pode ser a de dar a você a liberdade para procurar outra igreja na qual possa pôr seus dons em prática com menos restrições. Eu nunca aconselho ninguém a abandonar a igreja imediatamente, sem antes buscar orientação e dedicar-se a um longo processo de oração. Você precisa estar absolutamente certa de que as portas estão realmente fechadas para você liderar em sua igreja. Para isso, será necessário ter conversas construtivas com os líderes de sua igreja, baseadas em amor. Se você for casada, é importante trocar ideias com seu marido sobre a opção de deixar a igreja e também com algumas amigas íntimas que a conheçam o suficiente para a condzir ao longo do processo. Se decidir deixar a igreja, faça o possível para *sair bem* — não com raiva ou com palavras das quais se arrependerá um dia. Pegue o caminho mais alto com firmeza de caráter, até mesmo no momento da partida.

Tanto no caso de Deus mostrar a você que deve permanecer onde está e liderar da melhor forma que puder quanto se ele indicar a você que deve mudar-se para outra igreja, é de suma importância continuar a trabalhar com dignidade e humildade. O processo de mudança é lento na maioria das igrejas e denominações, quase sempre mais lento do que gostaríamos. Mas, se você demonstrar um caráter piedoso e viver de acordo com os excelentes exemplos de outras mulheres líderes, a mudança ocorrerá ao longo do tempo. Daqui a algumas décadas, muitas de nós olharemos para trás e veremos o progresso que foi feito, mesmo que no momento tudo pareça frustrante e sem esperança. Deus edificará sua Igreja, e somos parte do movimento de um Reino muito maior e muito mais importante que qualquer uma de nós individualmente.

Minha experiência também tem sido de sofrimento e frustração, embora eu entenda que tenho recebido mais oportunidades e mais liberdade para liderar que a maioria das mulheres. Sinto-me grandemente encorajada ao ler as palavras de Davi em Salmos 18. 27-29,32,33,35b,36:

> Salvas os que são humildes,
> mas humilhas os de olhos altivos.
> Tu, Senhor, manténs acesa a minha
> lâmpada;
> o meu Deus transforma em luz as
> minhas trevas.
> Com o teu auxílio posso atacar uma
> tropa;
> com o meu Deus posso transpor
> muralhas. [...]
> Ele é o Deus que me reveste de força
> e torna perfeito o meu caminho.
> Torna os meus pés ágeis como os da
> corça,
> sustenta-me firme nas alturas. [...]
> desces ao meu encontro para exaltar-me.
> Deixaste livre o meu caminho,
> para que não se torçam os meus
> tornozelos.

Servimos a um Deus que sabe muito bem como nos sentimos sozinhas de vez em quando e quais são os desafios que enfrentamos nos ministérios da igreja. Devemos confiar nele para ampliar nossos caminhos e dar-nos sabedoria ao longo do processo. Preciso acreditar que, se nos concentrarmos em melhorar nosso caráter, se crescermos em humildade, graça e confiança, um dia a expressão "Clube do Bolinha" não mais será usada para descrever a liderança na igreja.

3

Realizando a obra

Ao longo dos anos, nosso grupo administrativo na Willow aproveitou os conhecimentos especializados de vários consultores para obter uma nova visão sobre nossa igreja e equipe de liderança. Muitos anos atrás, uma consultora foi apresentada ao grupo. Ela era muito inteligente e tinha um currículo extraordinário. No entanto, alguns minutos após seu primeiro encontro com o grupo, percebi que ela não duraria muito no cargo. Apesar de conhecer o assunto, ela aproveitava cada oportunidade para defender seus pontos de vista, e havia uma superioridade marcante em seu estilo de comunicação. Ela dava a impressão de ser alguém acenando com um cartaz com estas palavras: "Sou mulher; ouçam o que tenho a dizer". Conforme suspeitei, não houve empatia entre aquela mulher e os rapazes da equipe, e ela não foi convidada a voltar. Na época, eu era uma jovem líder, e aquela foi uma lição da qual nunca me esqueci.

Para realizar com êxito a obra à qual fomos chamadas, precisamos concentrar-nos no caráter e fazer dele um alicerce firme. Nossa reputação como líderes desenvolve-se nas conversas rotineiras do dia a dia, nas reuniões e nos projetos que iniciamos e dos quais participamos. Um dia, seremos avaliadas pelos resultados obtidos e pela cultura que criamos nas equipes sob nosso comando. Teremos de perseverar e mostrar ética profissional, descobrir um estilo próprio de liderança e fazer escolhas inteligentes e apropriadas em nosso trabalho como líderes de uma equipe masculina.

TRABALHE COM PERSEVERANÇA E CONQUISTE O RESPEITO DO GRUPO

Eu nunca quis que o fato de ser mulher se tornasse o ponto central de meu trabalho e não gostaria que os outros líderes com quem trabalho encarassem isso como um grande problema. O sexo ao qual pertenço não é a questão fundamental. As ações falam muito mais alto que as palavras; portanto, quero concentrar-me em realizar a obra da melhor maneira possível. Em última análise, é dessa forma que conquistamos respeito. Se o assunto acerca do fato de eu ser mulher for ventilado, quero que seja um comentário acidental: "Ah, a propósito, temos uma mulher como diretora de programação [ou pastora da área de ensino]". Isso não significa que eu esteja querendo negar a existência do problema, nem mesmo tentando disfarçá-lo. Só acho que falar muito sobre minhas preocupações por ser a única mulher na equipe ou me queixar constantemente sobre a baixa porcentagem de mulheres na liderança não leva a lugar algum. Não seria melhor que todos vissem os dons da pessoa — seja homem, seja mulher — e concluíssem que ela deve receber o manto de liderança sem nenhum questionamento? Uma vez que as mulheres tenham conquistado confiança e respeito, precisamos abordar essas questões buscando orientação do Espírito Santo e nos tornar advogadas de outras mulheres, para que elas também consigam encontrar o seu lugar.

Eu nunca quis que o fato de ser mulher se tornasse o ponto central de meu trabalho e não gostaria que os outros líderes com quem trabalho encarassem isso como um grande problema.

Na parábola dos talentos, o servo que enterrou — em vez de investir — seus talentos foi o mais repreendido por Jesus. Ao servo que duplicou os talentos que lhe foram confiados, Jesus disse: "Muito bem, servo bom e fiel! Você foi fiel no pouco, eu o porei sobre o muito" (Mateus 25.23). Sinto-me estimulada a enfrentar qualquer tarefa que me seja atribuída, mesmo aquelas que, a meu ver, não sejam muito significativas ou empolgantes, e a cumprir essa responsabilidade com o melhor de meus esforços. É a soma das numerosas atitudes e ações — insignificantes na maioria das vezes — que chama a atenção ao longo do tempo.

Meu compromisso de trabalhar com empenho e dedicação exige que eu faça análises constantes sobre minha colaboração e liderança por meio de perguntas rotineiras, como estas que dirijo a mim mesma:

- Preparei esta proposta com paixão e clareza?
- Sou pontual nas reuniões e me envolvo totalmente nas discussões?
- Estou disposta a escrever e reescrever vários rascunhos para qualquer apresentação ou documento, procurando as palavras mais exatas e descritivas em vez de seguir o caminho do menor esforço?
- Levo meus compromissos até o fim?
- Deixo bem claras as minhas ideias ao grupo, de tal forma que todos os participantes tenham os mesmos objetivos e estejam absolutamente certos da função que exercem para realizar nossa missão?
- Estou sempre verificando o trabalho de minha equipe, para poder definir com objetividade o que realmente se passa e se estamos sendo tão eficientes quanto penso?
- Estou sabendo administrar o tempo e concentrando-me nas prioridades mais importantes, dedicando a elas a melhor parte de meu dia?

Há uma jovem senhora em nossa igreja que está sempre exemplificando o que significa trabalhar com dedicação. Heather começou a trabalhar há nove anos em nosso ministério para pessoas com mais de 20 anos, no qual ela ocupou várias funções, inclusive como líder de treinadores de pequenos grupos e direcionando nossa compaixão e esforços por justiça social para aquela equipe. No decorrer do tempo, Heather começou também a transmitir mensagens francas e sinceras em suas reuniões. Atualmente, ela atua como diretora em nosso ministério Global Connections, no qual meu marido é líder também. Hoje, sempre ouço Heather entoando cânticos de louvor em casa e na igreja.

Durante o trabalho de Heather com sua equipe, os líderes veteranos observaram seu grande potencial. Sempre que o nome de Heather é mencionado, os outros líderes se apressam em elogiá-la. Heather demonstra excelência, competência, talento, trabalho árduo e ótimos instintos em qualquer função que lhe é atribuída. Não me surpreende que Heather seja considerada uma das líderes jovens mais eficientes em nossa comunidade, nem que seja convidada a falar diante de toda a congregação com mais e mais frequência.

O fato de ser mulher nunca foi problema para Heather. Ela é uma seguidora fiel de Cristo, uma líder e uma serva. Está muito claro para todos que ela deve ocupar cargos de liderança mais importantes porque conquistou o respeito daqueles que trabalham a seu lado diariamente. Todas nós podemos aprender, com o exemplo de Heather, sobre como trabalhar bem e conquistar respeito. O líder deve realizar sua obra de acordo com os dons que Deus lhe deu, e isso exige que estejamos conscientes do que queremos e confortáveis no que fazemos.

SIGA SEU ESTILO PRÓPRIO DE LIDERANÇA

No início de minha carreira de líder, havia poucas mulheres nessa função, por isso fui levada a copiar os estilos de liderança dos homens competentes com quem trabalhava. Bill Hybels é um líder de grande visão, que capta as ideias e a paixão de seus seguidores com muita perspicácia e sabe comunicar-se com grande eficiência. Vi outros homens que se distinguiram como líderes estratégicos e nos ajudaram a enxergar o panorama mais amplo e a traçar planos; outros eram líderes táticos que comandavam diligentemente as operações da igreja com muita atenção aos detalhes e ao processo. E havia aqueles que eram mestres em estabelecer consenso entre os diversos voluntários.

Na época, eu não entendia que cada líder é criado de forma diferente e que cada um aplica um estilo próprio às tarefas de liderança. Alguma coisa dentro de mim me dizia que, como líder, eu era diferente de todos os meus colegas do sexo masculino —

diferente *não* por ser mulher, mas diferente porque Deus me fez assim. Os estilos de liderança não são definidos de acordo com o sexo da pessoa. Os líderes precisam descobrir como trabalhar com mais eficiência e, então, recorrer a essa força de liderança, acrescentando outras habilidades e aptidões ao longo do caminho.

Os estilos de liderança não são definidos de acordo com o sexo da pessoa.

Meu estilo de liderança poderia ser descrito por algumas pessoas como mais feminino, e isso criou algumas pequenas complicações nos primeiros anos em que eu tentava encontrar meu caminho. Sou uma líder formadora de grupos de pessoas unidas entre si. O desejo de formar uma equipe na qual todos os membros se conheçam e amem uns aos outros enquanto trabalhamos leva-me a exercer todas as funções de liderança com essa motivação em mente.

Quando eu era novata na função de líder, meus colegas do sexo masculino na equipe de administração devem ter descrito meu estilo de liderança como afetuoso. Eles costumavam caçoar das experiências e retiros "carregados de emoção" que eu introduzia no grupo. A maioria dos outros líderes de equipes de administração concentrava-se mais nas tarefas e dava a entender que a equipe de artes poderia render muito mais se não nos preocupássemos tanto em nos conhecer e amar uns aos outros. Repito, comecei a sentir-me isolada em minha estratégia de liderança, mas sabia que não seria capaz de liderar com autenticidade se agisse de forma diferente. Meus pensamentos giram em torno da comunidade.

O tempo provou que nossa igreja e os artistas foram beneficiados com meu estilo de liderança baseado em instintos naturais e paixão pelo trabalho. A equipe de administração passou a elogiar-me como a líder cujo grupo se manteve unido por mais tempo e produziu trabalho de excelente qualidade. A alegria e a união de nossa equipe eram inconfundíveis.

Recentemente, almocei com o núcleo de uma equipe que organizei muitos anos atrás. Hoje, estamos trabalhando em outras equipes e ministérios, mas os laços de amizade entre nós continuaram firmes, mesmo depois de vinte anos. Nosso grupo de seis almoça junto uma vez por mês porque não podemos imaginar viver totalmente separados só porque nossos caminhos tomaram rumos diferentes. Não troco esses momentos preciosos por nada. Sou muito grata por ter me recusado a copiar outro tipo de liderança!

Lanço um desafio a todos os líderes — homens e mulheres — para que descubram seu estilo próprio de liderança e, depois, o ponham em prática com confiança e paixão. A igreja e o mundo precisam de todos os tipos de líderes. Quando vejo um homem liderando uma equipe para formar uma comunidade forte ou uma mulher com dons incríveis de estratégia ou visão, tenho motivos para comemorar. Quando não distorcemos a forma pela qual Deus nos criou, a liderança deixa de ser um fardo e torna-se uma manifestação natural e transbordante de como trabalhar melhor. Se tentarmos copiar o estilo de outro líder, por mais competente que seja, haverá grandes possibilidades de acabarmos mergulhadas em frustração e ineficiência. Não foi fácil remar contra a maré na cultura de liderança de minha igreja, mas encontrei um caminho muito melhor para mim do que se tivesse tentado ser uma versão feminina de Bill Hybels ou de outros líderes do sexo masculino com quem trabalhei. Eu só precisei ser autêntica.

SEJA PRUDENTE QUANDO TRABALHAR COM HOMENS

Grande parte da obra que as mulheres líderes realizam na igreja centraliza-se no simples fato de que é necessário ter prudência para trabalhar de perto com os homens. Isso acarreta muitos aspectos práticos. Além das questões bíblicas e teológicas das mulheres líderes, o ponto mais crítico e a maior barreira para muitos líderes na igreja é a questão de como os homens e as mulheres podem trabalhar juntos sem cair em pecado. Lamentavelmente, conhecemos muitas histórias de relacionamentos inadequados que se desenvolveram entre líderes na igreja, casamentos desfeitos e escândalos manchando a preciosa noiva de Cristo. É importante notar que muitas dessas aventuras emocionais ou físicas têm ocorrido entre um líder veterano e uma mulher que não faz parte do círculo de liderança — uma assistente administrativa, uma mulher da congregação recebendo aconselhamento pastoral ou uma voluntária exercendo qualquer tipo de atividade na igreja. A inclusão de mulheres no círculo de liderança levanta esta questão: será que não estamos colocando as pessoas muito perto umas das outras e dando ocasião à tentação? Mas a tentação sempre esteve presente, até nas igrejas nas quais as mulheres não têm a oportunidade de liderar e ensinar.

Viajei pouco tempo atrás para reunir-me com uma equipe de artes em outra igreja. O líder de artes, Stan, não quis encontrar-se comigo sem a presença de outra pessoa. Quando chegou a hora de sairmos juntos para almoçar com a equipe, ele fez de tudo para encontrar outro rapaz que pudesse ir conosco no carro antes de nos encontrarmos com o restante do pessoal no restaurante. Stan explicou que havia em sua igreja uma regra deste tipo: não pode haver reuniões a portas fechadas entre um homem e uma mulher, ninguém pode ficar a sós no carro com uma pessoa do sexo oposto, um homem e uma mulher não podem viajar sozinhos. Essas orientações são comuns em algumas igrejas que desejam ter limites claros para relacionamentos de trabalho entre homens e mulheres.

Outras igrejas — inclusive a nossa — optaram por não estabelecer regras específicas e preferem ter uma conversa franca com o pessoal sobre a necessidade de saber discernir quando se trata de relacionamentos entre homens e mulheres nos ministérios. Essa atitude não desconsidera os riscos envolvidos, mas coloca o peso das decisões do dia a dia nas costas de cada membro do ministério, deixando que a responsabilidade nos relacionamentos os oriente ao longo do caminho.

A verdade é que qualquer um de nós pode encontrar um caminho para pecar, se essa for a nossa opção. Regras e orientações podem ajudar a evitar problemas, mas, no final, haverá sempre um jeito de contornar as regras. É muito importante que os membros do ministério e os líderes voluntários na igreja dialoguem o tempo todo sobre o tipo de cultura que estão tentando criar: uma cultura na qual homens e mulheres submetam-se uns aos outros com respeito, divirtam-se enquanto trabalham e aplaudam as ideias que cada um traz à equipe. Na igreja primitiva, Paulo instruiu Timóteo a tratar "os jovens como a irmãos; e as moças, como a irmãs, com toda a pureza" (1Timóteo 5.1b, 2).

É muito importante que os membros do ministério e os líderes voluntários na igreja dialoguem sempre sobre o tipo de cultura que estão tentando criar: uma cultura na qual homens e mulheres submetam-se uns aos outros com respeito, divirtam-se enquanto trabalham e aplaudam as ideias que cada um traz à equipe.

No ministério de artes que dirigi por vinte anos, éramos uma mistura de homens e mulheres; na maioria, casados. Trabalhávamos juntos durante horas em certas épocas do ano, e havia excelente comunhão e muita amizade sincera entre as pessoas de ambos os sexos. Duas vezes por ano, fazíamos retiros juntos com duração de dois dias. Isso parece uma receita para problemas? Evidentemente, tínhamos de tomar decisões sábias sobre como lidar com esses riscos em nossa comunidade.

Com bom senso, grande responsabilidade e a maturidade de seguidores dedicados a Cristo, creio que podemos enfrentar os aspectos negativos do trabalho muito próximo entre homens e mulheres. Ao fazer uma retrospectiva de trinta anos no ministério, tenho muito apreço pelas excelentes amizades que fiz tanto com homens quanto com mulheres. Os retiros em locais distantes para a equipe de artes e também para a equipe de administração ampliaram nossa visão, proporcionaram-nos espaço para ouvir juntos o que Deus tinha a dizer-nos, levaram-nos a participar de uma comunidade mais autêntica e, sinceramente, foram muito divertidos. Mas sabíamos, desde o início, que a prudência deveria prevalecer.

Nenhum de nós está imune à tentação, à necessidade de guardar com muito cuidado o coração e a alma para não pecar. O que escrevo a seguir são apenas algumas sugestões práticas com base no que aprendi nas trincheiras.

Tome cuidado com as informações que você passa adiante

Se você deseja ter uma equipe unida, reconheça que as conversas podem (e por certo poderão) aprofundar-se emocionalmente. Se houver um padrão de comportamento no qual alguém da equipe esteja sempre fornecendo mais informações ao grupo do que fornece ao cônjuge em casa, isso é sinal de perigo à vista. Queremos proporcionar um lugar seguro para os membros da equipe, onde poderão ser sinceros entre si, mas sempre reconhecendo que haverá necessidade de limites para que o marido ou a esposa não se sinta alheio à situação. Trata-se de decisões delicadas, que exigem grande discernimento.

Invista em responsabilidade

Incentive todos os membros da equipe a ter um ou dois relacionamentos verdadeiramente transparentes com alguém do mesmo sexo que lhes faça perguntas difíceis de ser respondidas. Se notar uma aproximação contínua entre duas pessoas da equipe que se aproxime do flerte, converse com amor, mas de maneira firme, com cada uma em particular e peça ao Espírito Santo que dê sabedoria a você para discernir se existe alguma coisa errada em andamento. A melhor providência para evitar uma tentação deve ser a de abordar o assunto e trazê-lo à tona antes que duas pessoas mergulhem de cabeça em pecado mais sério. O homem e a mulher sentem atração um pelo outro — isso é normal e esperado. A questão fundamental é o que fazer com essa atração inicial, como restringir imediatamente esse relacionamento e exigir responsabilidade. Em algumas situações, Deus poderá conduzir uma das pessoas a mudar de função na igreja ou até mesmo a mudar-se para outra, se a tentação for grande demais.

Abra caminho para os cônjuges dos membros casados da equipe

Procure oportunidades de incluir os cônjuges, e até os filhos, em suas reuniões. Quando comecei a dirigir os Rapazes da Praia, convidei a esposa deles, uma de cada vez, para almoçar comigo. Queria que me conhecessem como sou, não como uma mulher misteriosa que passava o tempo junto com o marido delas no trabalho. Acima de tudo, queria que soubessem que eu estava *do lado delas*, e *do lado de seu casamento e família*. Percebi que, quanto mais elas me conheciam e viam que eu era loucamente apaixonada por meu marido, Warren, menos me viam como ameaça.

Em uma de nossas reuniões de dois dias de retiro, decidi encerrar com um jantar para o qual as esposas foram convidadas. Naquela tarde, enquanto o jantar era preparado, pedi a cada membro da equipe (na época, todos eram casados) que fizesse uma descrição ilustrativa do que mais apreciava no cônjuge. Não permiti que usassem palavras, mas apenas símbolos ou desenhos. Como sempre, eles resmungaram e reclamaram a princípio, porque a maioria não gostava de desenhar e quase sempre eu tinha muito trabalho para convencê-los a fazer aquelas "coisas intrigantes". Mas, finalmente, todos concordaram.

Na noite após o jantar, pedi a cada membro da equipe que revelasse o desenho que havia feito e explicasse o motivo do desenho. Eu queria que os cônjuges fossem homenageados diante de todos, para que, no contexto do grupo maior, eles se sentissem valorizados e abençoados. Que alegria ver o semblante dos cônjuges (inclusive do meu!) enquanto os membros da equipe os elogiavam. O brilho no olhar dos cônjuges me disse que o exercício teve grande significado para eles, e muitos se emocionaram. Essas experiências são importantes para unir a equipe e manter os cônjuges ligados ao grupo.

Seja prudente quanto às acomodações durante as viagens

Tomar cuidado com as acomodações para dormir em retiros e outras reuniões fora da cidade é muito importante. Quando comecei a trabalhar com a equipe de administração e era a única mulher, fazíamos dois retiros por ano. Um casal generoso da igreja cedeu-nos seu chalé de verão para economizarmos dinheiro e dispormos de um local confortável. Eu dormia todas as noites em um hotel na estrada para não dar o que falar. Essa é uma atitude inteligente. Também aconselho muita cautela quando se trata de programar atividades de lazer para o grupo inteiro — talvez as esposas ou os maridos não gostem de ouvir que um grupo de homens e mulheres passou uma hora divertindo-se na piscina!

No grupo de seis ex-membros de minha primeira equipe de artes, que hoje se encontram uma vez por mês para almoçar, há três homens e três mulheres. Todos nós somos casados. Juntos, dançamos no casamento das duas filhas de um dos homens, e tive a alegria e o privilégio de oficiar as duas cerimônias. Também estivemos ao lado da sepultura dos pais de três membros do grupo, inclusive em um dia extremamente quente, ouvindo um arranjo de "Maravilhosa graça" tocado por gaitas de fole. Posso recorrer a essas pessoas a qualquer hora, em qualquer lugar, para qualquer coisa. Elas me amam, amam minha família, e eu as amo. Sou muito grata por não ter permitido que o medo do grande problema de ter um grupo de homens e mulheres trabalhando juntos não nos tenha impedido de apreciar a aventura do ministério como colegas de equipe e amigos.

Quando homens e mulheres realizam a obra do ministério juntos, com respeito mútuo e amor, todos ganham.

Quando homens e mulheres realizam a obra do ministério juntos, com respeito mútuo e amor, todos ganham. Sim, há riscos. Mas o resultado, se nos dedicarmos à integridade e à pureza, compensará todo o esforço.

Eu a incentivo a fazer bem o seu trabalho e a fazê-lo com sabedoria. Recorra a seu estilo de liderança feito sob medida e ordenado por Deus e não aja com imprudência quando estiver trabalhando lado a lado com homens ou rapazes. Sua credibilidade aumentará dia após dia, e o Reino de Deus será cada vez mais proclamado graças à sua contribuição ímpar.

4

Correndo com os garotões

Quando era jovem, principalmente nos tempos de colégio, eu me orgulhava de ser *um dos garotos*. Sempre tive amigas íntimas, mas parecia que a vida era melhor quando eu andava com uma turma de garotos do grupo de jovens de nossa igreja. Não me envolvi romanticamente com nenhum deles; éramos simplesmente amigos. Passávamos horas em uma lanchonete de segunda classe chamada The Tasty Platter, comendo alimentos baratos e nocivos à saúde e rindo até sentir dor de estômago. Eu me sentia ambientada e confortável na companhia dos garotos, livre das conversas por vezes superficiais e das preocupações de quase todas as meninas que eu conhecia. Os garotos aceitaram-me desde o início, e na presença deles eu quase me esquecia da diferença de sexos. Conversávamos sobre qualquer assunto, incluindo família, esportes, direção de nosso ministério de jovens, sonhos para o futuro, o que estávamos aprendendo com a Bíblia e muitas piadas idiotas. Os garotos eram meus companheiros.

Quando ingressei no mercado de trabalho, percebi que não seria nada fácil viver como um garoto. Mais tarde, passei a referir-me a essa situação como "correndo com os garotões", porque os companheiros de equipe de muitas mulheres novatas em cargos de liderança na igreja ou em organizações ligadas à igreja são todos, ou em grande parte, do sexo masculino. Constatei que, entre tantos outros desafios, eu deveria aprender a relacionar-me com os homens em ambientes nos quais eles não estavam acostumados a incluir mulheres, aprender a conduzir os que estavam "acima" e "abaixo" de mim no organograma, aprender a administrar minha ambivalência no uso de poder e autoridade e aprender a lidar com os momentos por trás dos bastidores, quase sempre engraçados e constrangedores, que marcam claramente as diferenças para os homens e mulheres que trabalham em uma igreja. Alguns desses momentos de estresse levam-nos a uma profunda reflexão; outros simplesmente provocam risos. À semelhança de alguém que quebra as tradições de uma cultura, as mulheres líderes têm de aprender a se comportar, a se comunicar e a *fazer parte* do "mundo masculino".

NAVEGANDO NO "MUNDO MASCULINO"

Eu diria que a maioria dos homens não tem ideia de que muitos ambientes em nossa sociedade são chamados de "mundo masculino" pelas mulheres que permanecem em posição de espectadoras ou tentam ocupar um lugar à mesa. Evidentemente, as mulheres também se fecham em áreas que parecem totalmente estranhas aos homens. Mas, nos locais de trabalho e em nossas igrejas, o grande número de equipes exclusivamente masculinas ou nas quais os homens predominam faz que a entrada das primeiras mulheres nessas equipes seja repleta de incertezas, tanto para os homens quanto para as mulheres, simplesmente por tratar-se de uma situação nova e diferente.

A tendência da maioria das mulheres líderes é negar seu verdadeiro eu, sua feminilidade, para adaptar-se à cultura masculina.

A tendência da maioria das mulheres líderes é negar seu verdadeiro eu, sua feminilidade, para adaptar-se à cultura masculina. Isso é um erro. Querer ter um comportamento "mais masculino" para facilitar essa adaptação é um exercício inútil que resultará em falta de autenticidade visível a todos e verdadeiramente insustentável. Podemos tentar imitar os estereótipos daquilo que, a nosso ver, faz parte do comportamento masculino, até mesmo um tipo de liderança de forte comando e controle, um estilo de comunicação mais enérgico e uma ênfase desapaixonada sobre informações e observações objetivas. Nossos esforços para adaptar-nos ao estilo masculino incluem não apenas palavras e ações, mas também a maneira de nos vestirmos.

Tempos atrás, na década de 1980, muitas mulheres executivas escolhiam roupas semelhantes às que os colegas do sexo masculino usavam: ternos conservadores para escritórios e reuniões de negócios. Trajando saias de tons escuros monótonos ou conjuntos de calça e paletó — e blusas com laços enormes e ridículos —, as mulheres tentavam usar a moda para ingressar no mundo masculino.

Seja por meio de estilo de roupa, seja por meio de outra coisa qualquer, aprendi que tentar ser semelhante aos homens não leva a nada. Ninguém precisa negar sua identidade concedida por Deus nem se modificar para fazer parte do grupo. Logo descobriremos que temos muito mais coisas em comum com os homens líderes do que imaginamos. Os homens são seres humanos como nós, e, como em todos os outros relacionamentos humanos, construímos pontes na medida do possível. E, da mesma forma que nem todas as mulheres são iguais, tentar englobar todos os homens em uma grande categoria e ter ideias preconcebidas a respeito deles é uma atitude simplista e tacanha. Precisamos conhecer as pessoas e ter contato com elas frente a frente, fazendo uso o tempo todo da inteligência emocional e relacional. Nenhum relacionamento significativo ocorrerá se não estivermos dispostas a ser autênticas, sem nenhuma reserva.

Onde eu trabalho, os líderes costumam iniciar as reuniões semanais de equipe conversando entre si, indagando como foi o fim de semana e como está a vida pessoal de cada um. A equipe só de homens da qual passei a fazer parte há mais de um ano reúne-se para almoçar todas as segundas-feiras. Em geral, os rapazes começam falando de esportes e do desempenho de seus times no fim de semana. Acho que eles se surpreendem quando dou palpites na conversa, porque presto atenção a algumas modalidades esportivas e tenho de lidar com as grandes decepções comuns a todos os torcedores do Chicago Cubs. Mas, se isso não fizesse parte de meu modo de ser, eu não sentiria necessidade de ler atentamente a página esportiva do jornal nem de pedir a meu marido que me pusesse a par das últimas novidades antes de comparecer ao almoço. Eu poderia apenas ficar calada e ouvir.

Os rapazes e eu conversamos sobre muitos assuntos: as novidades na política, nossos regimes alimentares, o que está acontecendo em nossa igreja e talvez, o mais importante, como vai nossa família. Cada pessoa tem uma família ou está formando uma. Essa é a conexão mais forte que descobri, comum a homens e mulheres. Todos nós estamos lidando com os problemas de nossa família de origem ou tentando consolidar o casamento e criar filhos, por isso somos capazes de estabelecer um vínculo em torno desses assuntos. Alguns rapazes da equipe de liderança têm filhos mais ou menos da idade de minhas filhas. Poderíamos conversar o dia inteiro sobre o que estamos aprendendo sobre criação de filhos, como lidar com situações específicas, dias em que perdemos a paciência ou o que fazer quando um filho ou filha adolescente está namorando alguém que não é a pessoa de nossos sonhos. Além disso, todos os rapazes são casados e gostam de ouvir as opiniões de uma mulher sobre alguns problemas com a esposa. Em alguns desses almoços nas segundas-feiras, eu apresento uma ideia nova para consideração deles, dentro dos limites apropriados, e eles parecem gostar dessa colaboração.

Para os homens que não estão acostumados a trabalhar com mulheres, qualquer medo que eles possam ter desaparece com o tempo quando veem uma mulher líder sentindo-se à vontade, capaz de rir da vida, simplesmente tentando caminhar com Deus e fazer seu trabalho. Tenho quase certeza de que os rapazes com quem trabalhei estavam um pouco inseguros na primeira vez em que entrei na sala. Demoraram um pouco para contar certas piadas, falar de certos assuntos, abrir o coração. Mas logo a dinâmica mudou, e sou grata por isso. Durante um retiro recente no qual passamos o dia juntos, vi, de forma muito clara, que a confiança entre nós aumentou muito.

O líder de nossa equipe, Jim Mellado, programou um dia inteiro de oração e jejum para nosso ministério. Ele havia feito planos para nos reunirmos em um local de preservação da natureza, a fim de que pudéssemos ver as belas florestas e riachos nas caminhadas a sós e em grupo. Infelizmente, o tempo não colaborou. Em vez de passeios ao ar livre, sentamo-nos nos bancos duros de uma cabana pequena e malcheirosa, tremendo de frio, enquanto a chuva caía torrencialmente lá fora. Havia apenas alguns pães e garrafas de água em uma mesa lateral, porque estávamos jejuando e não podíamos comer outro tipo de comida. A certa altura, um camundongo atravessou correndo o parapeito da janela, o que me fez perder a vontade de comer pão!

É possível navegar no mundo masculino, e isso poderá ser profundamente recompensador no futuro.

Uma parte do dia foi dedicada a um exercício preparado por Jim. Ele entregou a cada um de nós o nome de um membro de outra equipe e pediu-nos que escrevêssemos uma oração para aquela pessoa. Já havíamos conversado sobre o assunto naquele mesmo dia e nas semanas anteriores, por isso sabíamos quais eram as necessidades específicas dos membros de outras equipes. Espalhamo-nos naquela pequena cabana da melhor forma possível, cada um com um bloco na mão, uma Bíblia e espaço para pensar. Quando voltamos a nos reunir, Jim pediu que lêssemos as orações em voz alta. Surpreendi-me diante da profundidade daquelas orações magníficas, da maneira apaixonada que cada pessoa se expressou diante de Deus, das palavras inspiradas, escolhidas para transmitir ânimo a um irmão ou irmã. Os que não choraram ficaram com os olhos cheios de lágrimas.

Nossos laços são fortes, e eu me sinto incluída, apreciada, honrada, respeitada e amada como membro da equipe. Houve uma grande mudança depois daquela primeira reunião um tanto desajeitada! É possível navegar no mundo masculino, e isso poderá ser profundamente recompensador no futuro. Embora a maior parte do tempo que passamos juntos inclua uma programação e disposição para realizar a obra, o melhor alicerce para esse trabalho profissional é uma cultura de comunhão e respeito mútuos.

Minha experiência na igreja diz que as mulheres líderes precisam aprender tanto a *liderar de baixo para cima* como a liderar os homens e as mulheres subordinados a elas. Esses princípios de liderança são essenciais a ambos os sexos, mas em geral apresentam desafios específicos para mulheres.

LIDERAR DE BAIXO PARA CIMA

Quer o chefe seja homem, quer seja mulher, precisamos prestar atenção à habilidade conhecida como *liderar de baixo para cima*. Até hoje, só tive chefes do sexo masculino, tanto no mundo corporativo quanto na igreja. No entanto, minha experiência e visão talvez não fossem muito diferentes se eu tivesse trabalhado sob o comando de uma mulher. Tenho de admitir que nem sempre lidei com os problemas da liderança de baixo para cima tão bem como gostaria. Apresento estas sugestões, nascidas nas trincheiras de minha experiência em cargos de liderança.

Seja aprendiz de seu chefe

Todo líder precisa discernir, ao longo do tempo, qual é a melhor maneira de se relacionar e se comunicar com seu supervisor ou supervisora. Preste muita atenção ao modo pelo qual seu chefe gosta de conduzir a reunião. Para isso, você deve colher informações e inteirar-se dos fatos durante a semana. Meu primeiro chefe na igreja foi nosso pastor sênior, Bill Hybels. Tanto nas reuniões com o grupo quanto nas discussões com cada membro da equipe, percebi rapidamente que, em geral, Bill gostava de criar um ambiente de entrosamento por meio de uma conversa pessoal de alguns minutos. Mas havia ocasiões em que ele queria ir direto ao assunto por estar com a agenda lotada naquele dia. Percebi que, para trabalhar satisfatoriamente com Bill, era crucial saber a diferença entre as ocasiões em que ele estava mais descontraído, com mais espaço na agenda, e as ocasiões em que eu precisava abordar o assunto sem demora. Aprendi também que Bill não queria lidar com muitos papéis; aliás, ele preferia não ter de lidar com papel algum. Naquela época, Bill comunicava-se essencialmente por *e-mails*. As reuniões pessoais ou com o grupo eram realizadas apenas quando necessário.

Descobri também que o tempo é tudo para Bill (e provavelmente para todos os chefes). Os ritmos do dia e da semana são importantes demais para ele, e, se algum de nós tentasse interromper o tempo precioso que ele separava para preparar as aulas, era barrado por Jean, a competente secretária de Bill. Estabelecer um bom relacionamento com o (a) assistente do supervisor é a melhor maneira de saber qual é o momento oportuno, porque essa pessoa é capaz de prever melhor do que qualquer outra o que esperar do chefe em determinado dia. Quando converso antes com Jean, ela me fornece informações sobre como será o dia de Bill, quanto tempo eu teria para falar com ele e se seria preferível (e prudente) deixar o assunto para outra hora.

Também é essencial ter empatia com o chefe. Reconheça que a pessoa a quem você responde deve ter uma lista enorme de assuntos para resolver, assuntos totalmente alheios à sua lista de problemas. Lembro-me de uma reunião na qual pressionei Bill para que me desse uma ideia do tema de seu sermão dali a um mês. Bill olhou para mim, levantou a mão aberta diante do rosto e disse: "Nance, tenho diante de mim pelo menos 12 pequenas emergências que precisam ser resolvidas agora, e não há espaço em meu cérebro para pensar num sermão daqui a quatro semanas". Em outras palavras: "Dê um tempo!". Liderar de baixo para cima exige colocar-se na posição do supervisor, da melhor forma possível, e ter sensibilidade para saber quando apresentar os itens de sua agenda. Com o passar do tempo, seu chefe confiará mais em você se souber que não está lidando com alguém que o interrompe a qualquer hora ou desconhece a magnitude dos outros problemas que ele enfrenta no momento.

No entanto, não devo permitir que a empatia com meu chefe me impeça de fazer-lhe perguntas necessárias e de agir em defesa de minha equipe. Preciso muito da aprovação de meus superiores e quero ser conhecida como uma pessoa desembaraçada em qualquer situação, mas, às vezes, não deixo de opinar ou solicitar informações, de questionar uma decisão ou pedir explicações sobre um prazo-limite que está causando estresse excessivo à minha equipe. O líder não pode permitir que o desejo de agradar a outras pessoas tolha sua responsabilidade perante seus liderados. Caso contrário, correremos o risco de ser muito eficientes aos olhos do chefe e completamente frustrantes aos olhos dos subordinados. Aprendi rapidamente que preciso desenvolver os músculos da nova liderança — músculos capazes de treinar-me para eu me envolver com mais confiança em conversas difíceis.

Aprenda a iniciar conversas difíceis e a envolver-se nelas

Cerca de um ano atrás, quando eu dedicava tempo integral ao ministério, cheguei em casa e contei a meu marido que descobrira uma nova definição para o trabalho na igreja: uma série de conversas difíceis. Essa definição talvez não se aplique à vida inteira e, principalmente, à vida em equipe. Nós, seres humanos, temos uma capacidade incrível de interpretar mal o que ouvimos, de magoar uns aos outros em doses pequenas ou grandes e, às vezes, não nos damos conta do que fizemos. Para os líderes novatos nos trabalhos da igreja, qualquer divergência de opinião chega a ser chocante e perturbadora. Afinal, se estamos trabalhando entre cristãos, por que não nos entendemos?

Pecado. É a única resposta que tenho para a pergunta. Somos todos pecadores e quase sempre cheios de orgulho, egoístas acerca de nossas ideias ou projetos preferidos, invejosos do aparente sucesso de outra pessoa, amargurados por achar que trabalhamos demais. Sentimo-nos desvalorizados e mal pagos; falamos mal de nossos colegas ou chefe em conversas particulares e assim por diante. Tudo isso é pecado. Em momentos de crises relacionais, temos duas opções. Esforçamo-nos em prol da reconciliação, conforme Jesus nos ensina em Mateus 18, ou continuamos a viver evitando a pessoa, sentindo amargura, inveja e, quem sabe, um sentimento opressor de ser vítima da situação. Nenhuma dessas reações provou ser edificante, eficiente ou capaz de tornar-nos mais semelhantes a Jesus. A única maneira que conheço de pôr fim a uma crise relacional ou passar por cima das pequenas ofensas e mágoas que fazem parte da vida é tomar a decisão de envolver-se em conversas difíceis. E, sinceramente, essas conversas sempre me assustaram e continuarão a me assustar. Em conversas com outros líderes, fiquei sabendo que não sou a única a sentir esse medo.

A única maneira que conheço de pôr fim a uma crise relacional ou passar por cima das pequenas ofensas e mágoas que fazem parte da vida é tomar a decisão de envolver-se em conversas difíceis.

Em minha família de origem, não sabíamos lidar com qualquer tipo de conflito de acordo com os exemplos registrados na Bíblia. Quando um de nós zangava-se com alguém, nosso sangue escandinavo misturado com nosso refinamento evangélico transmitia uma mensagem silenciosa, porém muito forte: *Não dês lugar à ira e, se ficares irado, guarda a ira no canto mais oculto e escuro de teu coraçãozinho e nunca, nunca permitas que ela saia dali*. Aprendemos, portanto, a fazer cara feia, a dar tratamento silencioso uns aos outros e a fingir que não havia nada de errado, mas, na verdade, tudo parecia detestável. Quando, em raras ocasiões, alguém tinha uma explosão emocional — como no dia em que irritei tanto minha irmã mais nova que ela mordeu meu braço a ponto de rasgar meu casaco de inverno —, tentávamos rapidamente esquecer o momento e nos sentíamos piores ainda por ter perdido o controle. Evitar conversas sinceras sobre assuntos complicados é mortal para o líder de um ministério na igreja. Se a mulher líder sempre evitar falar a verdade e não admitir que foi ofendida, ela se sentirá vítima da situação e, com o tempo, se tornará amarga e ressentida.

Uma de minhas primeiras conversas difíceis com um chefe ocorreu logo após eu ter assumido a função de diretora de programação. Era uma função totalmente nova na igreja, e eu tinha a responsabilidade de organizar uma comunidade de artistas responsável por todas as partes de nossos cultos bissemanais, com exceção da pregação da mensagem. No início de nossos trabalhos, não tínhamos um departamento de recursos humanos eficiente, ou melhor, o nosso não chegava nem aos pés de um departamento eficiente. Portanto, o processo para estabelecer salários e discriminação de deveres era bastante precário. Sem querer dar a impressão de que a questão do salário era importante para mim — porque eu acreditava que o trabalho de um grupo na igreja deveria girar em torno do ministério, e nenhum de nós deveria preocupar-se com questões tão insignificantes quanto dinheiro —, não fiz perguntas sobre o salário na entrevista de avaliação. Devo dizer que parte dessa aparente falta de preocupação devia-se ao fato de que meu marido era o principal provedor em nosso casamento, e, em última análise, o que eu ganhava não determinava se teríamos ou não condições de pôr comida na mesa.

Então, descobri qual era o salário para meu novo emprego. E constatei que salário *era* uma questão importante para mim. Ele era tão baixo que achei que a pessoa que o fixara estava mal informada. Eu trabalhava o dia todo, tinha grau de mestrado e era responsável por um departamento vital para a estratégia e o futuro de nossa igreja. Por certo, deveria ter havido algum erro! Mas, como nova funcionária e primeira mulher a ocupar um cargo de liderança na igreja, eu não quis causar problemas. Durante algumas semanas, convivi com meu turbilhão interior e mencionei o assunto apenas a meu marido. Finalmente, o Espírito Santo fez aquilo que deixa as pessoas que evitam conflitos muito assustadas e aborrecidas. Ele me impeliu a iniciar uma conversa com os dois homens acima de mim no organograma, para falar de minhas preocupações com o salário. Se dermos ouvidos ao Espírito Santo, seremos guiadas repetidas vezes para buscar a paz por meio da reconciliação, e isso só ocorre quando nos envolvemos em conversas difíceis.

Marquei uma reunião com Bill e Don. A caminho da reunião, prometi a mim mesma que não choraria de maneira alguma. Já fiz essa promessa a mim mesma muitas vezes, na tentativa de resistir ao estereótipo de mulher descontrolada. Mas, por ser muito emotiva e primar pela autenticidade, restringir as lágrimas tem sido um desafio e, às vezes, pareço incoerente. Em certas situações, não consigo resistir; em outras, saio do recinto orgulhosa porque fui capaz de me controlar e de não *agir como criança*. Naquela vez, eu chorei, pois aquilo me incomodou muito. Disse a Bill e Don que não ingressara no ministério por dinheiro, que não precisava do dinheiro e faria o trabalho sem receber nada porque sabia que Deus me havia chamado para aquela obra. *No entanto*, depois de respirar fundo, disse que o salário fixado para a posição sinalizava para mim que a função — e, para ser sincera, não apenas a função, mas *eu* pessoalmente — não era tão valorizada quanto pensava. Queria saber se a diretoria ou quem fixou o salário não estaria tirando vantagem por eu não ser o ganha-pão da família. Se eles tivessem contratado um homem, teriam fixado o mesmo salário? Deixei claro que não estava aborrecida com o salário em si, mas com o que ele *significava*.

Por mais que eu temesse aquela reunião, sabia que não poderia progredir na comunidade cristã se continuasse a esconder meus pensamentos e sentimentos. Felizmente, Bill e Don reagiram com simpatia e sinceridade. Eles me ouviram e iniciaram os procedimentos para revisar o salário e verificar como foi estabelecido. Por fim, o salário foi ajustado, e dali em diante creio que houve mais sensibilidade e preocupação com o assunto, tanto para os homens quanto para as mulheres. Pouco tempo atrás, Bill lembrou-se daquele dia, e rimos juntos, sabendo que, ao enfrentar meus medos e levantar a questão, comecei a participar do mundo masculino, e reconhecendo a falta de jeito de todos nós no início, quando estávamos tentando descobrir como lidar com um assunto tão simples como aquele.

Todos nós podemos progredir no trabalho por meio dos conflitos, e nenhum de nós será capaz de evitá-los totalmente.

Tenho tido inúmeras conversas difíceis no ministério, quase sempre com a pessoa a quem eu respondo. Todas as vezes, eu me preparo para ser bem clara quanto ao meu problema ou preocupação. Depois de algumas décadas no ministério, esses diálogos continuam a ser muito arriscados e assustadores para mim; mas entendo que a alternativa — esconder-me por trás da raiva ou amargura — é mortal. Todos nós podemos progredir no trabalho por meio dos conflitos, e nenhum de nós será capaz de evitá-los totalmente. Talvez esse seja o motivo pelo qual amadurecemos mais no ministério e como seguidores e seguidoras de Jesus Cristo, porque nosso caráter é posto à prova no fogo das emoções dolorosas, como orgulho, inveja, medo e egoísmo. Podemos aprender a *crescer como pessoa*, em vez de nos envolver em questões pequenas ou insignificantes para saber quem tem mais poder ou de quem é o crédito, ou brigar para saber quem tem razão. Se colaborarmos para a criação de uma cultura de liderança na qual seja normal levantar assuntos difíceis e recusar-se a esconder tudo e abafar a verdade, mostraremos para todos na comunidade o caminho que leva à paz e à união. A coragem é um item essencial para a boa liderança.

AMBIÇÃO E AMBIVALÊNCIA

Se estou em um *shopping* ou supermercado e cruzo com um dos homens de minha equipe, sinto-me sempre um pouco constrangida e desconfortável quando ele me apresenta aos outros como sua chefe.

Parte dessa sensação de desconforto está na palavra "chefe", porque ela tem um parente muito próximo — *autoritário* — que ninguém deseja ser e porque todos nós temos conotações positivas e negativas de um chefe com base em uma profusão de experiências anteriores.

Essa resistência a ser chamada de chefe também tem uma raiz mais profunda: minha ambivalência sobre ser uma mulher com poder e autoridade. Em meu mais profundo íntimo, pergunto: será que acredito realmente que a mulher possa *ser* chefe, principalmente na igreja, e que sei lidar com os olhares atravessados de desaprovação que posso receber por ter tido a audácia de assumir tal posição? Harmonizar o que eu imagino ser verdade em minha mente com o que meu coração, às vezes, sussurra tem sido uma dança delicada. Observo que muitas mulheres em cargos de liderança, tanto dentro quanto fora da igreja, lutam com a mesma ambivalência, principalmente no íntimo, porque continuamos a nos sentir um pouco fora do compasso, estranhas e talvez não tão compreendidas e necessárias. De vez em quando, algumas de nós que crescemos em igrejas nas quais os homens estavam no controle temos esse tipo de pensamento: "Não seria mais fácil se apenas estruturássemos tudo da maneira que sempre foi, e simplesmente deixássemos a liderança a cargo dos homens, cabendo às mulheres apenas o trabalho nos bastidores?". Penso que não sou a única mulher líder com esse tipo de pensamento neurótico.

Uma amiga recomendou um livro que analisa as lutas que muitas mulheres líderes enfrentam quando falam da ideia total de ambição. Em *Necessary Dreams* [Sonhos necessários], a psiquiatra e autora Anna Fels escreve sobre a surpreendente diferença na maneira pela qual as moças descrevem seus objetivos e sonhos para o futuro, e como essas mesmas mulheres têm dificuldade de pronunciar a palavra "ambição" depois de adultas. Fels define a ambição em duas partes: o desenvolvimento de uma habilidade e, depois, sentir prazer no reconhecimento recebido pelo cumprimento da missão. Tenho visto repetidas vezes mulheres de todos os tipos de escolaridade e em todos os campos de trabalho profissional expressarem seu desconforto com a ideia de gostar de ser reconhecidas e apreciadas.

> Apesar do firme, embora vagaroso, movimento das mulheres da classe média para penetrar em novos ambientes educacionais e profissionais, um fenômeno estranho persistiu na metade do século XX. Para as mulheres, receber atenção por suas realizações parecia muito problemático. O fato de que as mulheres podiam ter talento para trabalhar em vários campos não significava que elas poderiam receber as recompensas por aqueles talentos. Surpreendentemente, a proibição para as mulheres terem acesso a essa parte essencial da ambição persistiu, apesar de seus talentos — como se isso provocasse um preconceito cultural mais profundo. Elas estavam aptas a adquirir conhecimentos, mas somente se seus objetivos fossem "altruístas". Outra pessoa deveria estar na vanguarda e no centro.[5]

Nós, que lideramos na igreja, chegamos a nos perguntar algumas vezes se a "outra pessoa [...] na vanguarda e no centro" não deveria ser um homem. Isso nos força a perguntar se acreditamos fundamentalmente que, além de ser justo, seja absolutamente bom, correto e aceitável que a mulher lidere homens na igreja. Muitas de nós fomos criadas com uma visão diferente, que aparentemente deixou de exercer influência sobre nós, mas que, na verdade, invade nosso coração e nossa mente de vez em quando. As mulheres ambivalentes quanto à sua liderança têm a tendência de encolher-se, hesitam em expressar seus sentimentos e pontos de vista e desconfiam não apenas de seus instintos, mas também de seu direito de colaborar com a liderança.

Quando eu era menina, entendi que Deus me abençoara com um raciocínio aguçado e ligeiro e habilidade para decorar qualquer coisa com muita rapidez. Essa combinação é, em essência, o elemento exigido para o sucesso na maioria das escolas americanas; portanto, eu era uma aluna excelente que quase sempre sabia a resposta mais rápido que qualquer outro colega e levantava a mão com entusiasmo para ser chamada. E assim foi até a quinta série, quando

[5] New York: Pantheon, 2004, p. 19.

comecei a questionar se minha inteligência seria um passaporte para a popularidade ou, o mais provável, uma condição para afastar as pessoas, principalmente os garotos. Comecei, aos poucos, a restringir-me com mais frequência, tentando não parecer tão esperta e não mencionar minhas notas a ninguém. Em algumas situações, eu chegava a fingir que não sabia a resposta. Estudos mostram que esse fenômeno explica por que algumas alunas são mais bem-sucedidas em escolas só para meninas. Imaginei que havia deixado essa hesitação para trás, mas todas nós levamos algumas peças de nossa bagagem para a vida adulta, e, de vez em quando, a tendência de me controlar para não parecer tão esperta, talentosa ou perspicaz aflora nas reuniões de liderança. Não é assim que deveria ser.

Somos, às vezes, nossas maiores inimigas. Quando lideramos um grupo de homens, temos mais dúvidas e insegurança do que eles. Cada uma de nós precisa examinar com muito cuidado o que nosso histórico e nossa experiência com outras pessoas tem contribuído para nossa tendência instintiva à inferioridade nos ambientes de liderança. A doutora Sarah Sumner, professora de teologia e autora de *Men and Women in the Church* [Homens e mulheres na igreja] escreve palavras persuasivas e desafiadoras:

> Uma coisa é autolimitar-se em razão de preguiça ou falta de bom caráter. Outra coisa é autolimitar-se em razão de uma crença falsa adquirida de pessoas na igreja. Quando as mulheres dizem a si mesmas: "Não tenho obrigação de ser emocionalmente madura — porque sou feminina" e "Não tenho permissão para realizar mais que isto — porque sou mulher", alguma coisa está errada. A igreja está falhando quando a comunidade de fiéis condiciona as mulheres cristãs a pensar que são inferiores e, se necessário for, a provar a si mesmas que são inferiores aos homens.[6]

Entendi que, se quisesse liderar os homens de minha equipe com eficiência, eu precisaria, antes de tudo, ter autocontrole, parar de encontrar desculpas e apenas *liderar*. Ninguém quer seguir uma

[6] Downers Grove: InterVarsity, 2003, p. 74.

pessoa sem uma visão definida e que hesita diante de pequenas decisões. Eu precisava expressar-me com confiança e simpatia, pôr em prática todos os conhecimentos da boa liderança que se aplicam tanto a homens quanto a mulheres e não agir como se estivesse esperando que alguém me castigasse por ter assumido aquela função.

Se você é mulher e ocupa cargo de liderança, pergunte a si mesma se continua a carregar dentro de si alguma ambivalência quanto à sua ambição e autoridade e procure arrancar as raízes de suas preocupações. Só teremos paz interior e confiança para expressar de maneira saudável nossos objetivos, sonhos e influência, se estivermos dispostas a analisar essas vozes interiores com muita sinceridade e redirecioná-las com a orientação do Espírito Santo e com os benefícios advindos da experiência.

> *Entendi que, se quisesse liderar os homens de minha equipe com eficiência, eu precisaria, antes de tudo, ter autocontrole, parar de encontrar desculpas e apenas* liderar.

Para liderar qualquer pessoa com eficiência, é necessário estabelecer um clima de confiança ao longo do tempo. E sabe o que descobri? Os homens, na maioria, preferem o tipo de liderança utilizado pelas mulheres: eles progridem sob a liderança de alguém em quem confiam, que os defende, que os ensina a serem bons ouvintes, que orienta a equipe em torno de um consenso e que se preocupa sinceramente com o desenvolvimento espiritual, profissional e pessoal de cada um.

Eu estava ciente de que minha primeira equipe de rapazes não sabia ao certo como seria trabalhar sob o comando de uma mulher. Provavelmente, exagerei um pouco ao garantir-lhes que não lideraria como uma diva, uma autocrata, nem com outro tipo de autoridade que porventura lhes causasse receio. Emocionei-me cerca de um ano depois quando Rory, nosso diretor musical, contou-me que um homem de outra igreja lhe perguntou, com um pouco de ceticismo na voz: “Que tal ter uma mulher como chefe?”. Rory respondeu:

"Estou adorando. Para mim, ela é melhor do que todos os outros homens aos quais fui subordinado!". Aquilo calou rapidamente a boca do outro homem, e fiquei muito grata a Rory por ter me contado aquela conversa.

PROBLEMAS QUE OS HOMENS LÍDERES NÃO PRECISAM ENFRENTAR

Se, neste momento, eu tivesse a oportunidade de tomar uma xícara de chá ou um refrigerante *diet* em particular com outra mulher líder na igreja, tenho certeza de que não falaríamos apenas das complexidades de navegar no mundo masculino no campo da liderança e de nossa luta contra a ambivalência. A conversa também giraria em torno de assuntos mais leves e, depois de algum tempo, começaríamos a rir. Eu explico: depois de nos conhecermos um pouco mais, depois de rirmos de nossas funções e de algumas dificuldades no ministério, depois de nos sentirmos um pouco mais seguras e confiantes, conversaríamos sobre um assunto que só as mulheres entendem quando ocupam um cargo de liderança na igreja. Portanto, antes de encerrar este capítulo, e no espírito de total autenticidade e disposição para admitir alguns desses dilemas particulares, vou fazer de conta que estou sentada a seu lado, como sua nova amiga, e irei direto aos aspectos práticos e verdadeiros do dia a dia, tais como onde prender o microfone, problemas com a maquiagem e outras coisinhas que os homens líderes, pelo que entendo, não precisam enfrentar.

Onde prender o microfone

As mulheres líderes, na maioria, precisam comunicar-se publicamente de tempos em tempos, mesmo que não sejam professoras. Você sabia que os grampos de microfone foram criados para ser presos em camisas masculinas, não em blusas femininas? Por algum motivo que não entendo, a camisa é abotoada de modo diferente da blusa: os botões da camisa ficam do lado direito; os da blusa, do lado esquerdo. Não sei se você entende o que estou tentando dizer, mas de maneira prática isso significa que, todas as vezes que tenho de usar um microfone de lapela, meus auxiliares precisam tirar o microfone do grampo e virá-lo ao contrário. Não é muito complicado, mas isso me faz coçar a cabeça para descobrir o motivo dessa diferença entre a camisa e a blusa.

Há também os microfones especiais para serem presos na parte traseira da calça. Isso é muito prático e bom — desde que estejamos usando calça comprida ou pelo menos uma saia com cós. Certa vez, usei um vestido para oficiar um casamento, e não havia lugar para prender o microfone! Esqueci-me completamente daquele pequeno detalhe, e não havia tempo de voltar para casa e trocar de roupa. O técnico assistente teve de encontrar um microfone de pedestal, e o problema foi resolvido. Agora, só uso conjuntos de saia e casaco quando vou oficiar casamentos.

Hoje em dia, muitas pessoas que dão aulas usam microfones que as fazem parecer estrelas de *rock*. Eles são presos por cima do ouvido e se ligam à boca por meio de uma haste fina e flexível. Para os homens que dão aulas em nossa igreja — todos têm cabelo curto —, esse tipo de microfone é muito cômodo (principalmente para um dos professores que é calvo). Mas eu tenho cabelos compridos até os ombros, que, às vezes, precisam ser dobrados sobre o arco na cabeça. Há também o problema dos brincos com pendentes. Certa vez, quando eu estava dando aula com um microfone preso em arco na cabeça, ouvia um tilintar constante. Descobri, então, que meus brincos eram o problema e deixei de usá-los em aulas e palestras. Os homens não precisam pensar em brincos nem em vestidos, e a maioria não tem cabelo comprido.

Cabelo, batom e a patrulha da moda

Por falar em cabelo, pergunte a qualquer mulher que seja apresentadora de telejornais, líder empresarial ou política o que significa ver sua imagem pessoal ser criticada pelo público. A situação não é diferente nas congregações religiosas. Aparentemente, existe a mesma necessidade de analisar cada nova escolha da mulher líder — modo de vestir, estilo de cabelo, maquiagem —, abafando-lhe o desejo de fazer novas experiências. Lembro-me de uma quarta-feira à noite em que me apresentei para dirigir um culto em parceria com John Ortberg, depois de ter cortado o cabelo naquela tarde bem mais curto do que costumava. John e eu estávamos dirigindo uma comemoração de nossos voluntários naquela noite, e John fez graça ao comentar minha nova aparência diante da congregação. É raro um homem líder ser tão notado por seu corte de cabelo.

Se você usa batom e outros tipos de maquiagem, essas coisas também criam problemas. Quando me escalam para falar no fim do culto, sinto um desejo enorme de verificar se o batom está em ordem antes de subir ao púlpito, mas costumo refrear-me porque devo estar concentrada em assuntos mais espirituais e profundos, como transmitir a mensagem inspirada por Deus. Nunca vi um comunicador olhar-se no espelho antes de falar! Tenho a tendência de emocionar-me quando dou aulas ou dirijo cultos de adoração, por isso o rímel é também um grande problema que tento evitar.

Nada, no entanto, me surpreende mais do que a aparente preocupação que a congregação tem com a roupa da mulher líder. Gostaria muito que isso não fosse um grande problema, mas aparentemente a escolha dos acessórios pode levar os ouvintes a se distraírem ou não, por isso temos de nos concentrar principalmente no conteúdo. Sinto inveja das pastoras de outras denominações que usam um manto quando sobem ao púlpito. Isso seria muito mais simples para mim. Nós, que não pertencemos a essas denominações, precisamos escolher roupas que sejam atraentes, modernas, modestas e confortáveis para nos movimentar. Certa vez, o salto fino de meu sapato ficou preso em um pequeno orifício no palco. Aprendi que o tipo de calçado também é importante.

Temos um local de reunião anexo ao saguão para onde os pastores se dirigem após o culto a fim de cumprimentar a congregação. Esse recinto adorável e acolhedor é chamado "Central dos

Convidados", e tenho tido muitas conversas importantes e momentos particulares de oração com várias pessoas naquele pequeno santuário. Sempre aguardo com ansiedade como o Espírito Santo vai me guiar naqueles momentos na Central dos Convidados. Quero também ter a oportunidade de descobrir se minha mensagem causou algum impacto sobre os ouvintes. Imagine minha surpresa quando algumas pessoas, tanto homens como mulheres, entram na fila para fazer perguntas ou observações como estas:

- Minha namorada e eu estávamos tentando adivinhar que marca de *jeans* você está usando. Poderia esclarecer essa dúvida para nós?
- Eu queria que você soubesse que adorei seu casaco. Poderia me dizer onde o comprou?
- Notamos que você cortou o cabelo recentemente e comentamos entre nós que você ficou muito mais jovem com esse corte.

Não se trata de exagero meu. E garanto a você que nossos pastores *nunca* ouvem esse tipo de comentário. E isso me deixa furiosa! Mas creio que faça parte do que significa ser mulher e lidar com a preocupação de nossa cultura com as aparências, incluindo peso, cabelo, roupas e maquiagem. Cheguei certa vez a ameaçar nosso pastor sênior, dizendo que planejava desaparecer no verão "para fazer um pequeno serviço" e que a igreja deveria pagar as despesas! Nesse ínterim, estou tentando ter senso de humor a respeito disso tudo, não me preocupar demais com comentários e continuar a fazer o melhor possível para que as atenções se concentrem nas verdades que Deus me pediu que transmitisse. Em certos dias, o trabalho no rádio parece mais atraente.

Outros problemas femininos

Nas atribuições da mulher líder, há outra parte que, às vezes, complica nossa vida — e é muito difícil falar disso. Há certos dias do mês em que permanecer em pé no palco por quarenta e cinco minutos, seguidos da longa tarefa a ser cumprida na Central dos Convidados, faz que eu queira ter uma folga para ir ao toalete e verificar se tudo está em ordem. Quando estava amamentando minhas filhas e tinha de falar em público, eu tentava alimentá-las pouco antes de subir à plataforma, mas, se o choro de um bebê soasse na congregação, eu corria o risco de manchar minha linda blusa de seda! Durante aquela época, eu tentava de todas as maneiras programar um tempo entre as reuniões nos dias de semana para ir ao toalete da igreja ou trancar-me em meu escritório para extrair leite com o auxílio de uma bomba. E ainda não comecei a falar da fase fascinante da meia-idade, porque, claro, até agora não conheço nada a respeito.

Tudo o que sei dizer é que podemos ter um pouco de orgulho por saber que existe um nível de problemas nos quais navegamos secretamente e que os homens nunca, nunca enfrentam. Creio que deveríamos nos sentir bem porque, na maior parte do tempo, os homens simplesmente não têm ideia do que passamos. Se pudesse dar a cada mulher líder e professora uma medalha por sua capacidade heroica de saber enfrentar com dignidade esses momentos peculiares às mulheres, eu daria. Aguardo ansiosa por qualquer oportunidade de poder estar com minhas irmãs, trazer os segredos à tona e rir com elas.

Tenho andado em companhia dos rapazes por vários ambientes e contextos durante grande parte de minha vida. Não tem sido fácil encontrar meu lugar e adaptar-me a ele, mas sou imensamente grata pela formação, visão de longo alcance e apoio recebidos de meus colegas. A maioria deles faz parte do grupo de meus amigos mais queridos, e eu os prezo muito. Recentemente, um dos membros de minha equipe atual comentou como se sente depois que entrei em seu grupo composto só de homens: "Nancy, você realmente nos colocou numa categoria mais alta!". Seja qual for o significado desse comentário, eu o recebo como elogio.

5

E ENTÃO TIVEMOS DUAS FILHAS!

Eu estava voltando de carro para casa em uma noite gelada de fevereiro, depois de ter saído do consultório médico, onde acabara de ouvir a novidade: "Sim, a senhora está grávida!". Eu já desconfiava disso antes de marcar a consulta, mas, naquela época em que os testes caseiros de gravidez não eram comuns, eu precisava obter a confirmação de um profissional para ter certeza. Lágrimas de alegria encheram-me os olhos, e apenas três palavras pairavam em minha mente naquela noite fria de inverno. *Mais uma bênção...* Além de todas as outras bênçãos abundantes no início de minha vida adulta — um casamento feliz, um ministério em expansão e amigos fantásticos —, eu ia ser mãe. Estava transbordando de gratidão pela bondade de Deus.

Para algumas mulheres, ter filhos é um desejo acalentado durante muito tempo e um objetivo definido tão logo se casam. A questão para elas não é *se*, mas simplesmente *quando*. Não foi o que ocorreu com Warren e comigo. Nossa caminhada para ter filhos foi longa e incerta. O assunto veio à tona quando namorávamos, claro, mas nenhum de nós tinha certeza se era isso o que queríamos. Não nos sentíamos preparados.

O maior empecilho em nossas conversas era a dúvida de Warren sobre o que os filhos significariam para meu ministério e vida profissional. A ideia dele a respeito de maternidade estava enraizada no exemplo de sua mãe. Ela não trabalhava fora, era excelente dona de casa, cozinheira de mão cheia e mãe extremamente carinhosa. Warren não podia imaginar-me trabalhando fora de casa se tivéssemos um filho. Mas, como éramos um tanto antagônicos a respeito do assunto, decidimos esperar para ver.

Envolvemo-nos durante nove anos em nossa vida profissional e ministerial com muito zelo enquanto fortalecíamos o casamento. Tínhamos grande liberdade para jantar juntos após o expediente, tirar férias relaxantes, recuperar as forças por meio de muitos exercícios e reuniões sociais. O casal sem filhos pode, em geral, atravessar temporadas de trabalho intenso com discernimento e harmonia, compensando as semanas mais agitadas com outras mais tranquilas e comunicando um ao outro como está a agenda de cada um.

Cerca de seis ou sete anos após o casamento, quando eu me aproximava dos 30, meus instintos maternos começaram a aflorar, instintos que eu nem sequer tinha certeza de que possuía. Iniciei algumas conversas com Warren sobre o assunto, que passamos a chamar "a questão dos filhos". Nos dois anos seguintes, a maior parte de nossa conversa girou em torno disso, e cheguei a fazer uma lista dos prós e dos contras. Sabíamos que não precisávamos ser pais para ter um bom e até mesmo um ótimo casamento. Adorávamos nosso trabalho e curtíamos a liberdade que tínhamos para atender a nosso chamado sem as limitações de tempo impostas por uma criança (na época eu não fazia ideia do que isso significava). Warren não estava totalmente convencido de que eu poderia reduzir minha intensa concentração no ministério para dar a um filho o tempo que ele mereceria.

Certo dia, quando passávamos férias na encantadora Nantucket Island, meu marido olhou para mim e disse: "Muito bem, vamos fazer uma tentativa". Duvidei do que estava ouvindo! Concordamos em que, se Deus nos abençoasse com uma gravidez, eu passaria a trabalhar meio período na igreja. Evidentemente, após nove anos de casamento, não tínhamos ideia de que poderíamos ter filhos ou não. Mas, logo a seguir, minha menstruação falhou, e imaginei que alguma coisa estava acontecendo. Começamos, então, a ter uma vida completamente diferente, que exigiria grande esforço de nossa parte e com muito mais altos e baixos do que poderíamos imaginar. Já não éramos crianças — eu tinha 32 anos, e Warren

42, quando nossa filha Samantha nasceu. Três anos depois, fomos abençoados com uma segunda filha, Johanna. Dali em diante, a vida não foi nada simples.

NEM TODAS SÃO IGUAIS

Não apenas em termos físicos, mas certamente em termos culturais, está se tornando cada vez mais comum a mulher ter diante de si uma variedade de escolhas: se deseja casar, se deseja ter filhos ou se deseja ser mãe solteira. Fico feliz ao ver as mulheres sendo bem-sucedidas nesse leque de opções, principalmente na igreja. Meu objetivo ao descrever algumas de minhas amigas e as realidades atuais de suas escolhas de vida é o de encorajar você a pensar na variedade de opções que as mulheres de seu círculo de amizade têm diante delas e a alegrar-se na verdade de que nem todas são iguais.

Christine

Christine é uma líder vibrante que trabalha no departamento editorial de uma organização cristã sem fins lucrativos. Ela transmite conhecimento, energia e criatividade a todas as equipes com as quais trabalha. Adoro ver como Christine optou por ser mãe solteira depois de completar 40 anos. Ela mora no meio de uma vizinhança extremamente diversificada na cidade de Chicago, onde se reúne com amigas solteiras e casadas. Com uma variedade de passatempos e interesses a seu dispor, incluindo viagens, leitura e pintura, além de amar a natureza, a poesia e as artes, cultivar ervas frescas em seu quintal e nunca repetir a mesma receita, Christine não está à espera de um príncipe encantado para completar sua vida. Comparece ao trabalho todos os dias com o desejo firme de colaborar e preenche seu tempo com relacionamentos e atividades de grande significado. Ela me inspira, e sua contribuição à minha vida, como amiga e instrutora de redação, tem sido muito valiosa para mim.

Corinne

Corinne é uma de minhas amigas íntimas. Atuou como líder em nossa igreja durante mais de vinte anos e hoje trabalha como colega na Associação Willow Creek. Não há outra mulher líder que tenha trabalhado mais próximo de mim do que Corinne. Ela colabora comigo na criação de inúmeros cultos de fim de semana e eventos especiais para nossa igreja. Diante dos problemas e, às vezes, da solidão do cargo de liderança na igreja, Corinne tem sido uma corda salva-vidas para mim. Acho que ninguém "me entende" como Corinne e não quero pensar como teria sido minha vida se Deus não a tivesse incluído em meu círculo de amigos e entrelaçado nossas histórias.

Corinne está casada com Greg, seu namorado dos tempos de colégio, há vinte e sete anos. Eles construíram um relacionamento de respeito mútuo, amor, carinho e muitos interesses em comum. Alguns anos atrás, Greg e Corinne tiveram de tomar uma decisão semelhante à que Warren e eu enfrentamos: se tentariam ou não ser pais. Depois de muita reflexão, optaram por não ter filhos. Em vez de ampliar a família, Greg e Corinne sentiram-se guiados pelo Espírito Santo a concentrar-se no ministério de ambos, nas famílias agregadas e nos amigos. Embora tivessem tudo para ser pais maravilhosos, decidiram que cuidar de filhos não era o futuro que Deus lhes designara e estão em paz com essa decisão.

Adoro ver o sucesso de Corinne ao pôr em prática uma variedade de talentos e sonhos, incluindo música, dança, fotografia, amor pelos animais, leitura, filmes (principalmente comentários de diretores) e, acima de tudo, por ela ser uma esposa, filha, irmã e tia fora de série. Corinne tem uma vida plena, e seu ministério realizado nos bastidores é extremamente importante.

Lynn e Karla

Chamo Lynn e Karla de minhas "amigas mães". Ambas são membros de nossa igreja há muitos anos, e cada uma tem quatro filhos.

Elas me acompanharam em todas as fases desde que me tornei mãe. Levaram-me ao cinema para assistir a filmes tarde da noite com a finalidade de me distrair um pouco, ficaram a meu lado quando minhas filhas estavam doentes, aconselharam-me quanto à alimentação das crianças e marcaram presença quando eu mais necessitava delas. Um dia, quando Samantha era bebê, coloquei-a dentro de seu cestinho no balcão da cozinha e dei uma saída rápida para fazer não sei o quê. Ao voltar, vi que estava trancada por fora! Definitivamente, aquele foi um de meus momentos como mãe em que me senti mais tola. De onde estava, eu via minha querida filha no balcão, mas não podia entrar em casa. Liguei imediatamente para Lynn. Ela chegou de carro e me ajudou a subir para entrar por uma das janelas.

Lynn e Karla, mães que não trabalham fora de casa, atuam como voluntárias nas escolas dos filhos e colaboram na comunidade como nunca fui capaz de colaborar. Quando me pedem contatos de emergência, eu escrevo o nome e o número do telefone delas — e faço isso há mais de dezessete anos. Não posso imaginar navegar pela vida e pela maternidade sem Lynn e Karla.

Char

Char tem 86 anos de idade e é uma amiga de longa data. Foi professora da escola dominical na igreja em que cresci, para alunas que cursavam o ensino médio. Char é, de longe, a pessoa na faixa dos 80 anos mais legal que conheci. Durante décadas, ela foi exemplo para mim do que significa ser uma mulher devota.

Char enviuvou pela primeira vez aos 39 anos de idade. Na época, seu único filho, Rick, estava com 13 anos. Sem marido para ajudá-la, Char teve de trabalhar fora de casa para sustentar o filho. Ela foi uma escritora criativa e colaborou em várias publicações cristãs, incluindo a *Young Life*. Apesar do sofrimento pela perda repentina do primeiro marido, Char decidiu abraçar a vida e vivê-la ao máximo. Mais tarde, casou-se novamente e, depois de três anos, perdeu o marido de maneira trágica. Char atravessou quase todas as situações imagináveis como mulher temente a Deus e tem feito isso com encanto, beleza e sabedoria. Quero ser igual a ela quando crescer!

Christine, Corinne, Lynn e Karla, Char. Talvez você se identifique com uma delas. Talvez conheça mulheres que fizeram escolhas semelhantes e também conheça muitas outras opções e situações. Evidentemente, algumas mulheres diriam que suas escolhas foram limitadas por motivos econômicos, problemas de saúde ou circunstâncias fora do controle. Mas para muitas, principalmente as das gerações recentes, parece haver mais escolhas do que no tempo de nossas mães e avós. Sejam quais forem as opções, o ponto mais importante é este:

Não existe MANEIRA CERTA de navegar na vida como mulher.

A Bíblia diz que nem todos os cristãos seriam ou deveriam ser casados, como foi o caso do apóstolo Paulo, que preferiu concentrar toda a sua energia no ministério cristão. Ao longo da Bíblia, vemos exemplos de mulheres que, apesar das normas culturais da época, exerceram funções importantes na igreja primitiva. Nos tempos do Antigo Testamento, Ester usou sua capacidade de discernimento que resultou no extraordinário resgate de seu povo. Débora foi profetisa em sua época, e Priscila e outras mulheres contribuíram para a implantação da igreja primitiva. Nosso Pai celestial guia os passos das mulheres em uma maravilhosa variedade de direções, o que inclui diversas oportunidades diferentes em nossa vida, cada uma com um enfoque e perspectiva especiais. Se limitarmos o pensamento a um plano que se adapte a todas as mulheres, limitaremos as possibilidades de cada uma viver a história escrita exclusivamente para ela.

MINHA HISTÓRIA COMO MÃE

Minha história prosseguiu até o dia em que fui mãe. E, depois de nove anos sem filhos, houve necessidade de uma enorme adaptação. Quando voltei para casa com minha primeira filha, meus hormônios estavam totalmente fora de controle e eu mal podia acreditar que alguém, em juízo perfeito, permitiria que duas pessoas incompetentes como Warren e eu fossem responsáveis por aquele bebê tão pequenino. Gostaria de ter gravado em vídeo a primeira vez em que tentamos dar banho em Samantha — um de nós lendo as anotações feitas nas aulas para pais e mães de primeira viagem, e o outro tentando segurar firme aquele pacotinho escorregadio de 3 quilos para evitar que caísse na pia da cozinha. Dormíamos muito pouco e não entendíamos como a chegada de um bebê havia sido capaz de transformar nossa vida de maneira tão radical.

Nas duas semanas seguintes, eu chorava com frequência sem motivo aparente. Warren saía do quarto onde eu estava chorando enquanto amamentava o bebê e perguntava: "Qual é o problema agora?". (Ele é muito sensível.) E eu respondia: "Não sei!". Em meio a tudo aquilo, recebi um telefonema de minha amiga Corinne, que estava na Alemanha dirigindo um projeto empolgante de ministério. Ouvi a voz dela e pensei imediatamente: "O que está havendo comigo? Era eu quem costumava viajar para fazer aquele trabalho importante que tanto adorava. Agora não passo de uma máquina gorda produzindo leite sem parar. Esta não pode ser a minha vida". A situação fez-me lembrar de um anúncio classificado que eu vira no jornal de nossa cidade: "Atenção, velejadores! Tive um bebê, a vida acabou, estou vendendo o barco". Foi exatamente assim que me senti durante alguns dias: tive um bebê, e a vida acabou.

Meu marido e eu concordamos em que, depois de três meses, eu retornaria ao ministério para trabalhar meio período, tentando totalizar vinte horas por semana. No início da gravidez, reuni coragem para aproximar-me de meu chefe e amigo, Bill Hybels, e fazer-lhe uma proposta. Eu continuaria a dirigir o ministério de artes, mas reduziria as horas de trabalho à metade e delegaria as tarefas da outra metade a alguém. Até aquele momento, nenhuma mulher na função de líder sênior em nossa igreja havia solicitado um acordo como aquele, e imaginei que a resposta seria negativa. Também perguntei a Bill se ele permitiria que eu continuasse como líder na equipe de administração da igreja. Respirei fundo.

Para minha surpresa, Bill foi receptivo e disse que certamente tentaria fazer meu plano funcionar. E assim começou minha jornada como mãe trabalhando meio período fora de casa. Eu extraía o leite, com o auxílio de uma bomba, no toalete do escritório da igreja, e fui abençoada com uma babá para cuidar do bebê durante uma parte do dia. Ela já havia criado os filhos e tornou-se uma avó a mais para minhas filhas. Mas, claro, nada foi simples ou fácil.

MÃES EFICIENTES

Diante da grande variedade de opções à disposição das mulheres, muitas decidem ser mães como eu. As mães que ocupam cargo de liderança na igreja enfrentam uma série de problemas distintos. Muitas de nós guerreamos contra um monstro incrivelmente destrutivo. Ele penetra sorrateiramente nos lugares ocultos de nossa mente, ataca-nos com a dúvida, golpeia-nos com sentimentos de culpa e destrói nossa autoestima. Dou a ele o nome de Monstro da Mãe Perfeita (ou MMP). O Monstro da Mãe Perfeita é uma personagem fictícia, criada com base em nossas mães, expectativas culturais, imagens reproduzidas na mídia ou simplesmente em nossa impossibilidade de alcançar um padrão tão alto. O MMP difere um pouco de uma mulher para outra, mas todos têm estas características em comum:

- A Mãe Perfeita está *sempre presente*.
- A Mãe Perfeita tem sempre ótima aparência e sua casa também.
- A Mãe Perfeita nunca perde a paciência.

- A Mãe Perfeita nunca perde uma excursão com finalidade educativa ou uma oportunidade para colaborar com a professora do filho ou da filha.
- A Mãe Perfeita sempre serve refeições caseiras e nutritivas.
- A Mãe Perfeita, mesmo que trabalhe fora de casa, faz tudo isso... impecavelmente.
- E, claro, a Mãe Perfeita tem filhos perfeitos.

A maioria das mães com quem converso tem fantasias e expectativas irreais a respeito da maternidade. Muitas dizem: "Por mais que eu faça, por mais que me esforce, *nunca é o suficiente*". Esperamos mais de nós, ou achamos que os outros esperam. Não importa o que você faça ou deixe de fazer por seu filho, no fundo existe a suspeita furtiva de que está fazendo tudo errado. Em um dia, você se sente um sucesso tremendo como mãe; em outro, um completo fracasso.

"Por mais que eu faça, por mais que me esforce, nunca é o suficiente".

Uma mãe descreveu a situação desta maneira: "Às vezes, parece que o peso da responsabilidade por estes pequeninos seres imortais é demais para mim. Estou fazendo o que é certo? Estou fazendo o suficiente? Não estou exagerando...?". Estou me referindo à mãe da escritora Louisa May Alcott, autora de *Little Women*,[7] e ela disse essas palavras em 1883! Pelo jeito, as mães lutam contra o sentimento de culpa há muito tempo.

Lembro-me muito bem do dia em que tive certeza de que não seria uma mãe perfeita. Minha primeira filha, Samantha, era um bebê dócil e tranquilo; não tinha cólicas intestinais nem muitos resfriados ou problemas de saúde. Portanto, posso dizer com toda a sinceridade que, antes de minha filha completar 3 anos, estava cumprindo satisfatoriamente minha tarefa de mãe. Não havia muita coisa a lamentar — ainda.

[7] **Mulherzinhas**. São Paulo: Melhoramentos, 1998.

Um dia, algumas amigas me recomendaram um livro intitulado *Toilet Training in a Day* [Aprendendo a usar o banheiro em um dia]. Essa estratégia prometia sucesso em três ou quatro horas. Basicamente, tratava-se de uma modificação de comportamento e funcionara muito bem com muitas mães que eu conhecia. Decorei praticamente o livro e fiz anotações em seis páginas. Escolhi o dia exato em que ensinaria Samantha a usar o peniquinho. Eu tinha tudo pronto para iniciar a tarefa: guloseimas para recompensá-la, telefone desligado e uma garotinha feliz e tranquila. Não há necessidade de dizer que as seis horas seguintes foram as mais frustrantes de minha vida. Samantha ensinou sua boneca a usar o peniquinho. Ela adorou as guloseimas, mas sujou cinco vezes a roupa de baixo. Conversamos muito e contei histórias enquanto ela estava sentada na cadeirinha, mas de nada adiantou. Cinco minutos depois, o chão de minha cozinha estava um charco.

A sensação foi a de um terrível fracasso. Samantha ainda não conhecia nada a respeito do cão de Pavlov! Voltei a colocar fralda nela às 18 horas! Tudo o que eu queria naquele momento era entrar em uma banheira com água aquecida, ter uma garrafa de vinho à mão e chorar — e não sou grande apreciadora de bebidas. A parte mais triste da história foi que minha filhinha ficou arrasada ao ver a impaciência e a frustração da mamãe. Provoquei um alvoroço com algo que ela não se sentia motivada a mudar, e esperamos vários meses antes de tentar novamente. Naquele dia, o primeiro de muitos e muitos outros, cheguei à conclusão de que não seria uma mãe perfeita.

Ao visitar uma livraria enquanto ainda era mãe novata, encontrei um livro com um título que me atraiu a atenção: *Good Enough Mothers* [Mães eficientes]. Minha primeira reação foi: jamais serei eficiente. Mas a curiosidade falou mais alto e comprei o livro de Melinda Marshall. As palavras de Marshall ajudaram-me a analisar os prós e os contras de minha jornada dupla de trabalho e o sentimento de que não estava me saindo bem em nenhuma situação: como líder, como esposa, como mãe, como filha, como amiga e, certamente, como dona de casa. Depois de ler, orar e conversar abertamente com outras mães, comecei a sentir liberdade para ser mãe à minha maneira, em prol de mim mesma e de minha família, e deixar para trás os padrões de perfeccionismo e a culpa arrasadora. É claro que as dúvidas me assaltavam quando minha filha de 4 anos segurava a perna de minha calça comprida e chorava lágrimas de crocodilo, ao ver-me sair de casa três dias por semana. Mas tão logo eu chegava ao escritório, Katie, nossa babá sensível e prudente, ligava para me informar que, assim que eu atravessava o portão de casa, Samantha virava-se para ela, enxugava as lágrimas e perguntava: "O que a gente vai fazer hoje, Katie?". Minhas duas filhas são especialistas em fazer drama, e tive de aprender a interpretar com objetividade até que ponto minhas horas de trabalho as estavam prejudicando e qual seria o melhor equilíbrio para nossa situação inusitada.

O MITO DE TER TUDO... E DE UMA SÓ VEZ

Melinda Marshall escreve muito sobre trocas de situação e o tipo de equilíbrio ilusório que a maioria das mães procura, principalmente quando trabalham fora de casa. Ela faz um comentário interessante sobre a palavra mais comumente usada para descrever a vida de uma mulher que trabalha fora: malabarismo.

> Em geral, o que limita a escolha das mães que trabalham fora é a tendência de considerar todas as funções como críticas, tanto em termos morais como ideológicos, e, portanto, igualmente importantes. Isso se chama malabarismo, um termo apropriado, pois implica que todas as bolas devem ser mantidas no ar, e a malabarista nunca pode descansar — ela é condenada a manter tudo em perpétuo movimento sem nem sequer ter a satisfação de chegar a algum lugar ou terminar alguma coisa. Se a malabarista se cansar ou relaxar a concentração, o ato culminará em fracasso: o público presta atenção à malabarista só enquanto ela desafia o inevitável.[8]

[8] **Good Enough Mothers**. Princeton: NJ: Peterson's, 1993, p. 91.

Em vez de tentar equilibrar com perfeição todas as nossas responsabilidades, aconselho as mães a reconhecerem que a vida é uma série constante de trocas e concessões. A maioria de nós não gosta dessa ideia de *concessão*, mas eu afirmo que todas as pessoas fazem esses tipos de troca todos os dias. Decidimos se podemos sacrificar o tempo para trabalhar fora, telefonar para nossos pais, passar o aspirador de pó na casa, dar carona a um filho para treinar futebol, tomar café com uma amiga e todas as outras pequenas decisões que, juntas, formam a estrutura de nossa vida diária. Comecei a aprender que, se eu não adaptar minhas expectativas a todas as áreas, atravessarei a vida sentindo-me aflita e atormentada pela culpa. Todos os especialistas na arte de criar filhos concordam que a mãe infeliz, até mesmo a mãe que se considera mártir e abre mão de todo o seu tempo em prol dos filhos, está prestando um desserviço à família.

Aprender a ouvir a voz do Espírito Santo e a confiar nela, conforme meu marido e eu fazemos ao tomar inúmeras decisões e ao priorizar cada semana, é a única maneira que conheço de criar uma versão de maternidade e ministério capaz de adaptar-se àquilo que Deus planejou para mim. Reconheço que ajo de maneira diferente das outras mulheres e mães, mas é assim que tem de ser. Todas nós estamos fazendo isso à medida que vivemos, aprendendo com nossos erros, prestando atenção à voz tranquila e suave que nos induz a seguir em uma direção ou outra. A maternidade é uma arte, não uma ciência.

Quando Melinda Marshall descreve concessão e trocas, eu me identifico completamente com suas palavras:

> A maioria das mulheres procura, em última análise, fazer concessões como um meio, não como um fim. Elas não estão *diminuindo* suas expectativas, mas simplesmente examinando com cuidado o que querem pagar pelo que desejam. Em vez de insistir naquilo que não podem mudar, elas se concentram em ações que podem e querem tomar. Em vez de enxergar todas as opções como igualmente vitais para serem exploradas, elas estão pondo

> em prática a escolha verdadeira, aprendendo a priorizar, a abrir mão daqueles esforços que só servem para satisfazer as expectativas irrealistas das outras pessoas. Elas não abandonam as funções que apreciam só porque não conseguem desempenhá-las com perfeição. Sucesso, para elas, *é* equilíbrio, conseguido não a um preço exorbitante, mas por meio de trocas aceitáveis. [...] Elas não querem que a vida seja fácil; querem apenas sentir que estão tentando torná-la melhor. Elas não querem ser perfeitas; e não querem que se espere isso delas. O que elas querem é ser *eficientes*.[9]

Eu faço trocas o tempo todo. Escolher entre ter uma casa que raramente esteja em perfeitas condições de limpeza (está bem... nunca) e contratar uma faxineira para trabalhar a cada duas semanas é uma dessas trocas. Entendo que nem todos os orçamentos são suficientes para pagar esse tipo de ajuda e não considero que isso seja obrigatório. Quando minhas filhas eram pequenas, eu festejava as semanas que podia sair de casa e exercitar-me três vezes naquele período. Agora que elas são mais velhas, posso aumentar a frequência. Compromissos noturnos, tempo com as amigas, passar uma noite fora de casa com meu marido, dizer não a trabalhos voluntários na escola pública, recusar algumas, mas não todas as oportunidades de ministério fora da cidade ou do país, tudo isso se soma às pequenas decisões que fazem parte da vida. Cada família tem características próprias, e cada situação é diferente. Fui abençoada com um marido que trabalha por conta própria e passava o dia fora de casa quando nossas filhas eram pequenas. Ele é o ingrediente principal em cada passo de meu caminho, dando-me *liberdade* para trabalhar no ministério, até mesmo para ausentar-me semanas inteiras para fazer palestras do outro lado do oceano. Nem todo marido tem esse tipo de flexibilidade, e algumas mães criam os filhos sem muita ou sem nenhuma ajuda do marido. Não sou capaz de imaginar todos os problemas de uma mãe que cuida sozinha dos filhos — e tenho muita consideração por aquelas que saem de casa todos os dias para fazer seu trabalho com tanta dignidade e coragem.

---

9 Ibid., p. 47.

Cada família tem características próprias, e cada situação é diferente.

Nossa vida como mulheres e mães também é sazonal. Quando imaginei que me havia acostumado ao ritmo das atividades de minhas filhas, alguma coisa mudou. Cada fase da maternidade apresenta desafios diferentes e exige trocas diferentes. Tenho quase certeza de que minha filha mais velha dirá, um dia, a seu terapeuta, que faltei a várias apresentações em que ela dançou na escola e, consequentemente, não apareci nas fotos tiradas antes da exibição. Por problemas de agenda e falta de informações claras das escolas, perdi algumas. Na última vez, tomei a firme decisão de não perder o baile de formatura e não programei nenhuma viagem para o mês inteiro de maio. Mas, quando estive ausente, meu marido sempre compareceu. Da mesma forma que muitos pais modernos, Warren interessa-se por todas as atividades das filhas e procura ser o mais flexível que pode para ajudar a manter a família unida.

Recentemente, o *Chicago Tribune* publicou uma coluna com este título positivo: "Ei, mãe, você está indo bem, diz um estudo". O artigo relatava um estudo feito pela Universidade de Maryland afirmando que as mães de hoje passam mais horas concentradas nos filhos do que as mães de quarenta anos atrás. Embora a maioria das mães sinta que não é eficiente, o estudo revela que, na realidade, as mães estão dedicando mais tempo por semana aos filhos, tanto o tempo primário (quando a criança é o foco da atenção do pai ou da mãe) quanto o tempo secundário.[10] Trata-se de uma notícia surpreendente para a maioria das mães contemporâneas, que acham que suas mães e avós foram muito mais cuidadosas com os filhos do que elas próprias esperam ser.

No fundo, creio que a mulher que se dedica a seguir Jesus Cristo receberá orientação e discernimento para saber, em qualquer época, como está se saindo como mãe. Quando prestamos

[10] ST. GEORGE, Donna. Hey, Mom, you are doing fine, study says. **Chicago Tribune,** 21 mar. 2007.

atenção ao sentimento normal de culpa, descobrimos, às vezes, que não nos concentramos o suficiente em determinada área de nossa vida e decidimos fazer a adaptação necessária. Eu, por exemplo, decidi abandonar a imagem de malabarista porque sempre deixo as bolas caírem e me sinto um fracasso. Sugiro, nesses casos, que reconheçamos que o Espírito Santo nos revelará certas fases da vida nas quais deveremos dar mais atenção aos filhos, ao marido, aos pais idosos, aos problemas do ministério ou aos amigos. E, quando essa fase terminar, voltaremos a nos concentrar, com energia e paixão, naquele ou naqueles a quem demos menos atenção por uns tempos. Em minha opinião, esse é o significado de andar com Deus, dia após dia, momento após momento. Podemos confiar que Deus nos mostrará o que significa deixar de preocupar-se em ser eficiente. Não existe nenhuma mãe perfeita, e nenhuma de nós conhecerá a bênção de ter tudo... de uma só vez.

QUERO UMA ESPOSA!

Não poderia terminar este capítulo sem reconhecer que minha jornada como mãe que trabalha fora é muito diferente da que observo entre os pais de nosso grupo. Às vezes, luto contra a inveja por saber que quase todos eles são casados com uma mulher que não trabalha fora, e isso os liberta para se concentrarem mais na obra do ministério do que eu. Sem ter a pretensão de serem insensíveis, meus colegas do sexo masculino contam histórias de como a esposa deles administra a casa, serve de motorista dos filhos, ajuda nos deveres de casa e cuida dos pequenos detalhes da vida que todas nós enfrentamos, como marcar consultas médicas, levar roupas para serem lavadas a seco, providenciar a troca do óleo do carro etc. Nessas ocasiões, penso: "Quero uma esposa!". Sou imensamente grata a Warren por sua colaboração em casa, mas a realidade é que, como mãe, eu continuo a sentir o peso e as preocupações de ter de cuidar de tudo.

Algumas funções claramente definidas para cada sexo estão mudando, e conheço uns poucos lares nos quais as tarefas da casa são divididas igualmente entre o casal. Em nossa situação, admito que optei por me sentir satisfeita com uma divisão razoavelmente típica de responsabilidades e tarefas domésticas. Warren corta a grama, retira a neve acumulada diante de casa, cuida da manutenção dos carros e paga as contas. Eu sou responsável pelas refeições, lavanderia e limpeza geral da casa. Além disso, pelo fato de gostar de ter tudo em ordem, sou em quem programa os passeios da família. Quando Warren e eu nos preparamos para uma viagem de fim de semana e deixamos as meninas com parentes ou amigos, Warren precisa apenas decidir o que vai levar para ele próprio. Nesse meio-tempo, faço longas listas de anotações para nossa babá sobre cada detalhe das atividades das meninas, rodízio de caronas para a escola e horários para brincar. No momento de sair de casa, estou exausta depois de tantos preparativos! Mas a verdade nua e crua é que cuido dessas tarefas por recear que elas não serão feitas corretamente, ou porque adoro assumir o papel de mártir.

Creio, sim, que exista uma diferença fundamental para a maioria dos filhos na maneira pela qual reagem na ausência da mãe e na ausência do pai. Quando eu me preparava para viajar à Europa ou para um percurso mais longo até a Austrália, principalmente na época em que minhas filhas eram pequenas, criamos distrações para elas enfrentarem melhor minha partida. Tínhamos uma tradição em casa conhecida como *calendário cor-de-rosa*. Comprei uma cartolina grande cor-de-rosa e desenhei um calendário para minha viagem, com a finalidade de ajudar as meninas a fazerem a contagem regressiva até o dia de minha volta. Eu prendia uma anotação com alfinete em cada dia do calendário. Em uma dessas anotações, eu escrevia "presente do dia", indicando que havia pequenos presentes para elas escondidos no armário. Pouco tempo depois, as meninas passaram a aguardar o calendário com tanta ansiedade que comecei a achar que preferiam minha ausência! Mas há um detalhe que sempre me fascinou: quando Warren precisava viajar para realizar um trabalho de seu ministério, não havia uma só lágrima. Ao contrário, as meninas diziam com toda a calma: "Tchau, papai" e o abraçavam. Nossas filhas adoram o pai, mas é claro que sofrem mais quando a mãe viaja. Às vezes, isso me deixa indignada... mas é bom demais saber que elas precisam de mim.

Aprendi, ao longo dos anos, que os homens com quem trabalho não entendem perfeitamente que meu método de trabalho no ministério é muito diferente do deles. Muitos não têm a mínima noção. Por exemplo, quando alguns homens da equipe de administração sugerem um café da manhã com o grupo às 6 horas, sou a única que sempre diz: "Sinto muito, mas é impossível para mim". Aprontar as meninas para a escola e lidar com o rodízio de caronas são fatores que dificultam minha saída de casa tão cedo. Ocorre o mesmo quando eles solicitam uma reunião espontânea ou uma viagem de última hora. A maioria não tem esses problemas domésticos. Nesse meio-tempo, minha pressão sanguínea sobe e pensamentos deste tipo giram em minha mente: "Como vou poder fazer este trabalho?". Em alguns casos, divido algumas dessas tarefas com meus colegas, porque servimos juntos na mesma comunidade. É tentador fingir que sou capaz de lidar com tudo, sem problemas, e isso me deixaria orgulhosa. Tenho também um pouco de receio de que, se revelar minhas limitações, poderei perder meu lugar à mesa. Quando, porém, decido analisar as alternativas e verbalizar minha necessidade de ter um plano mais flexível, estou abrindo caminho para outras mulheres com quem esses homens trabalharão um dia, bem como para os pais que também precisam fazer algumas concessões. Nesta vida, eu nunca terei uma esposa... Mas um administrador da casa em tempo integral ou um mordomo com certeza seria de grande utilidade!

Aprendi, ao longo dos anos, que os homens com quem trabalho não entendem perfeitamente que meu método de trabalho no ministério é muito diferente do deles.

NOSSO EXEMPLO É IMPORTANTE

O exemplo das mães que trabalham fora ou apenas em casa tem um significado enorme para os filhos. Não devemos criar filhos que acreditem que o mundo gira em torno deles. Em minha opinião, quando uma criança reconhece que o pai e a mãe a amam muito, mas sabe *também* que eles têm outros interesses, sonhos e responsabilidades, essa criança está muito bem servida. Ver o pai ou a mãe totalmente envolvidos na missão de desenvolver seus dons espirituais causa grande impacto nos filhos por muito tempo. As crianças cujos pais são casados têm a oportunidade de observar como o marido e a esposa servem um ao outro, como defendem e apoiam um ao outro e como libertam um ao outro para prestar uma contribuição ao mundo.

Nossa identidade fundamental não *é ser mãe ou pai.*

Em última análise, tudo se resume em conhecer a verdadeira fonte de nossa identidade. Nossa identidade fundamental *não* é ser mãe ou pai. Os doutores Henry Cloud e John Townsend lembram-nos que ser pai ou mãe é uma tarefa temporária, não uma identidade. "Os pais que vivem o tempo todo para os filhos ensinam às crianças que o Universo gira em torno delas [...]. Cuidem das necessidades da criança e, depois, exijam que ela cuide das próprias necessidades enquanto vocês cuidam das suas".[11] Que belo presente para nossos filhos! Em vez de supor que a mamãe e o papai estarão sempre ao dispor delas, as crianças entenderão que as outras pessoas e suas necessidades também são importantes. Adoro ver filhos e filhas que começam a servir junto com os pais, experimentando e descobrindo os próprios dons e interesses ao longo do caminho.

Uma mãe que conheço leva os filhos todos os meses a uma casa de repouso onde eles "adotaram" alguns avós para cuidar.

[11] **Boundaries with Kids [Limiter para ensinar aos filhos: quando dizer sim, quando dizer não. Vida, 2001]**. Grand Rapids: Zondervan, 1998, p. 117.

Embora reclamem, às vezes, do cenário e dos odores daquele lugar, as crianças aprenderam a deixar o conforto de lado por algumas horas e a ter empatia com algumas pessoas idosas que passaram grande parte da vida sozinhas. Em nossa igreja, alguns pais incluem os filhos nas tarefas de cuidar da propriedade da igreja, instalar equipamentos de som ou servir alimento a pessoas carentes. Que lições incríveis essas crianças estão aprendendo!

Há mais ou menos dois anos, Warren e eu levamos nossas filhas à República Dominicana para visitar alguns parceiros de ministério de nossa igreja naquele país. Atualmente, Warren dirige o ministério Global Connections e queria muito que Samantha e Johanna saíssem de dentro da bolha da vida urbana e tivessem uma ideia de como é a vida em um país muito pobre. Nunca me esquecerei do dia em que fizemos um passeio por San Domingo com nosso pastor, e ele mostrou às meninas o bairro bem próximo à igreja onde famílias inteiras moravam em espaços menores que os quartos de minhas filhas. Pelo menos por alguns dias, elas conviveram com uma realidade visível que as fez refletir no significado de "necessitar" *versus* "querer". Foi emocionante vê-las observar o pai delas em ação, pondo em prática a missão que Deus lhe concedeu de servir aos menos favorecidos.

Pelo fato de terem um pouco de meu DNA, minhas filhas adoram arte — em especial a arte dramática. Quando eram pequenas, eu as levava, de tempos em tempos, a alguns de nossos ensaios, onde elas viam músicos, atores, dançarinos e artistas técnicos servindo com humildade, autenticidade, criatividade e excelência. No início, achei que as levava aos ensaios para não ter de deixá-las com uma babá, mas, desde a infância, elas estavam aprendendo com todas aquelas experiências e também relacionando-se com outros adultos tementes a Deus. Foi maravilhoso observá-las na fase da adolescência, escrevendo roteiros, representando e até mesmo dirigindo peças para vários grupos de jovens ou nos cultos semanais de nossa igreja. Não há nada melhor que ver nossos filhos pondo seus dons em prática e sabendo que nasceram para executar aquelas funções!

Ser mãe e trabalhar no ministério tem sido a tarefa mais estressante, complicada e, por vezes, frustrante de minha vida. Mas, se tivesse de fazer tudo de novo, eu não mudaria muita coisa. Sei que sou uma mãe *eficiente*. Cometo minha cota de erros, mas não caminho pela vida arrastando um fardo enorme de arrependimentos. Se você é mãe, insisto em que ouça a voz suave do Espírito Santo e permita que nosso Deus dirija os seus passos na educação de seus filhos. Ninguém poderá escrever o roteiro em seu lugar — sua história pertencerá exclusivamente a você. E, no grande panorama da vida, louve a Deus como eu fiz quando tomei conhecimento pela primeira vez de que havia um bebê se formando em meu útero... *Mais uma bênção!*

6

Encontrando sua voz

Recebi, alguns anos atrás, o telefonema de uma professora de faculdade na Carolina do Norte, uma mulher encantadora chamada Jane Stephens, perguntando se poderia entrevistar-me para seu projeto de dissertação. Indaguei qual era o ponto principal de sua pesquisa, e Jane explicou que selecionara uma dezena de mulheres líderes de vários segmentos como casos de estudo para investigar a voz feminina. Eu não tinha ideia do que Jane estava falando, mas gostei de conversar com ela por telefone e imaginei que, na pior das hipóteses, eu adoraria almoçar com ela. Passamos algumas horas de uma tarde em meu restaurante favorito, tomando muito chá gelado e nos conhecendo.

Que mulher inspiradora! Fiquei sabendo que Jane leciona literatura inglesa em uma faculdade de belas-artes, é casada com um médico e mãe de seis filhos. Os dois mais novos passaram a fazer parte da família por meio de uma adoção miraculosa no Quênia, onde Jane passou seis meses trabalhando em sua dissertação. Senti um enorme cansaço só em pensar em todas as responsabilidades na vida de Jane. Descobri, porém, que Jane tinha os pés no chão e era tão acessível quanto qualquer outra pessoa que eu conhecia. Era excelente ouvinte, deixando entrever uma curiosidade genuína e profundo interesse no que eu tinha a dizer. Gostei dela e a admirei imediatamente.

Jane fez perguntas muito perceptivas sobre minha infância, sobre as mulheres que me influenciaram, e, por fim, entramos no assunto principal de encontrar a própria voz. Jane contou-me que assistira a uma das primeiras palestras realizadas em nossa igreja para líderes de outras igrejas, cuja audiência era composta, na maioria, de pastores do sexo masculino. Na época, eu era jovem, e ela observou-me em dois ambientes: apresentando meus comentários diante do grupo inteiro na sessão principal e também durante um *workshop* de perguntas e respostas. Jane perguntou se eu gostaria de ouvir seus comentários sobre as diferenças que observou em meu estilo de comunicação entre a sessão principal e o *workshop*. Ela já conquistara minha confiança durante nossa conversa agradável, por isso respondi: "Claro, eu adoraria ouvir sua opinião".

Jane prosseguiu explicando que, quando falei na sessão principal, ela notou um pouco de hesitação, que minha comunicação era articulada, mas não persuasiva. Foi no *workshop* de perguntas e respostas que ela ouviu minha voz verdadeira pela primeira vez. Todas as vezes que eu respondia a uma pergunta complexa, ela notou que eu estava processando a resposta e pensando alto, exibindo um sentimento de sinceridade, paixão, descoberta e, em suas palavras, *sendo eu mesma*.

Depois, Jane e eu analisamos juntas o que significa encontrar a própria voz, principalmente no caso das mulheres que trabalham em ambiente predominantemente masculino. Jane convenceu-me, com todo o carinho, a não copiar as vozes de outras pessoas. Ao contrário, eu deveria tentar encontrar e desenvolver minha voz, aquela voz exclusivamente minha.

Depois de quinze anos, as palavras de Jane ainda ecoam em minha mente e em meu coração. Ela terminou sua dissertação, parte da qual condensou posteriormente em um artigo que incluí no Apêndice 2 (página 195). Sua colaboração ao estudo sobre como as mulheres líderes se comunicam, com as diferenças entre a retórica masculina e a feminina, é extremamente significativa e preenche uma lacuna naquilo que já havia sido investigado. Este é um trecho fascinante do trabalho de Jane:

> A partir de Aristóteles, a retórica tem sido definida como "a faculdade de descobrir todos os meios disponíveis de persuasão", e a história da liderança e da retórica tem sido a história daqueles que tiveram acesso à autoridade cívica e a um fórum público. Até recentemente, as mulheres não desfrutavam nenhuma dessas

> vantagens, mas influenciaram as pessoas à sua volta de maneiras significativas quando descobriram seus "meios disponíveis de persuasão". Historicamente, as mulheres têm sido aconselhadas a valorizar sua influência por meio de relacionamentos com o marido ou filhos; elas lideram persuadindo os que persuadem ou informando os que informam. Dessa posição liminar, elas aprenderam a utilizar-se do poder da linguagem em locais menos públicos e formais que os dos fóruns tradicionais e hierárquicos — em canções, em histórias, em festas do pijama e em reuniões em clubes, por meio de cartas e conversas. Assim, elas criaram uma história de retórica e liderança que tem servido de combustível para o desenvolvimento de nosso mundo de uma forma que só agora estamos começando a recuperar e de outras formas que já perdemos e nunca conheceremos completamente. Em consequência disso, a importância da história progressiva da liderança das mulheres foi minimizada, não apenas por nossa histórica falta de acesso à autoridade direta e legítima, mas também por nossa contínua falta de conexão com as tradições das poderosas vozes femininas, das quais não temos registro. Se perdermos a lembrança, a linguagem e a imagem mental que herdamos das mulheres líderes do passado, para seguir o estilo masculino de liderança, será que a próxima geração de mulheres se transformará naquilo que Gloria Steinem chama de "imitadoras"?

De que maneira uma mulher líder e professora, cercada de comunicadores do sexo masculino, pode evitar a tendência de imitá-los? O que a impedirá de desprezar a descoberta e expressão de sua voz? E como definimos o significado da voz?

Quando conheci Jane, o conceito de voz, em sua totalidade, era inteiramente novo para mim — e até hoje não é fácil de ser definido. Jane apresentou-me a ideia durante nosso primeiro almoço juntas e ajudou-me a entendê-la melhor quando li este texto escrito por ela:

> A voz segue dois caminhos. Refere-se a aprender a entrar em contato com nossos instintos, ouvi-los e confiar neles; refere-se a passar o instinto e a experiência através do fulcro da expressão clara e incisiva. Nascida no cruzamento da tentativa com a certeza, ela exige vulnerabilidade e presença [...]. Os líderes precisam encontrar

a própria voz, seus melhores recursos para serem sinceros no meio de sua organização, e necessitam solicitar e acolher a presença por inteiro de seus colegas. Ter voz é estar totalmente presente, sentir-se incluído e contar com a confiança de todos, ter algo a dizer e ser ouvido. A compensação de trabalhar em uma organização na qual cada um traz voz verdadeira a seu trabalho é uma medida plena de energia, equilíbrio, compreensão e divertimento.[12]

Penso que todos os líderes gostariam de ter esse tipo de voz! As palavras de Jane inspiram-me a trabalhar para estar "totalmente presente" e "acolher a presença por inteiro" de meus colegas, habilidades que exigem talentos bem desenvolvidos de comunicação que experimentamos quando descobrimos nossa voz. Quando ocupei pela primeira vez meu lugar na mesa de liderança, subestimei a importância que uma voz única e exclusiva poderia ter, embora meu grau de mestrado seja em comunicação. Com o tempo, reconheci que seriam necessárias algumas ferramentas na comunicação do dia a dia, nos ambientes menores, onde todos os líderes se veem presentes a todo momento. Minha jornada como comunicadora não começou em uma plataforma, mas em escritórios pequenos e em salas de reunião, em almoços e cafés da manhã em restaurantes e sentada em sofás na sala de estar, interagindo com voluntários. Antes de explorar a arte da comunicação e de ensinar a grupos maiores, precisamos avaliar se nossa caixa de ferramentas inclui o necessário para essas interações íntimas, frequentes e diárias.

Comunicar-se com eficiência não é opcional para o líder — é absolutamente essencial.

FERRAMENTAS ESSENCIAIS PARA A COMUNICAÇÃO DO DIA A DIA

Comunicar-se com eficiência não é opcional para o líder — é absolutamente essencial. Nem todos os líderes serão requisitados a

[12] STEPHENS, Jane; ZADES, Stephen. **Mad Dogs, Dreamers, and Sages: Growth in the Age of Ideas**. New York, Elounda Press, 2003, p. 92.

falar diante de grupos grandes, mas todos os líderes estão envolvidos o tempo todo na fina arte da comunicação, em qualquer encontro, tanto de maneira verbal como não verbal. Se não desenvolvermos as habilidades de comunicação, correremos sérios riscos. Cada conversa com alguém de nossa equipe é uma oportunidade de exercer influência, esclarecer ideias e reforçar valores, ou simplesmente uma chance de encorajar, inspirar ou corrigir. A voz do líder surge na soma desses momentos menores, e precisamos nos comprometer a descobrir e a desenvolver essa voz única e exclusiva.

Desenvolvendo sua voz na comunicação do dia a dia

Uma das formas que aprendi para desenvolver minha voz é fazer uma retrospectiva rotineira de reuniões ou conversas específicas. Quando dedico um tempo para analisar meu comportamento nesses encontros, tenho mais facilidade de reconhecer se minha voz está tornando-se mais forte e mais consistente dia após dia. Tenho o hábito de fazer uma série de perguntas a mim mesma sobre como agi em determinada situação e se estou desenvolvendo minha voz a contento. Estas são algumas das perguntas que considero úteis para avaliar minha voz nas comunicações do dia a dia:

- Eu tinha um ponto de vista só meu naquela reunião? Expus com firmeza meus instintos e perspectivas nos assuntos que investigamos?
- Ao participar da conversa, principalmente quando os outros estavam expressando pontos de vista arrojados, tentei adivinhar seus motivos em cada situação?
- Concordei prontamente quando alguém apresentou um ponto de vista diferente do meu?
- Fui coerente ou houve uma diferença entre o que eu pensava e o que eu disse?
- Qual foi meu tom de voz quando foi abordado um assunto com o qual eu não concordava de maneira nenhuma?

Minha conduta espelhou o que eu sentia naquele momento ou tentei proteger-me agindo como se não estivesse me importando muito?
- Qual foi meu grau de participação na reunião? Monopolizei a conversa, permaneci em silêncio visível ou mantive o equilíbrio?
- Mais tarde naquele dia, pensei em todas as coisas que gostaria de ter dito ou comunicado de modo diferente ou fiquei satisfeita com minha apresentação?

De vez em quando, é aconselhável pedir a um colega de confiança que reflita sobre essas perguntas com você. Solicitar a opinião de colegas é o mesmo que segurar um espelho para ver de maneira mais clara como você se comporta e se comunica nas reuniões e se as pessoas com as quais trabalha observam padrões recorrentes em seu tom de voz. A maioria de nós não tem ideia de como se comunica com os outros e da grande dificuldade de encontrar meios de ver-se com mais clareza e identificar os pontos fortes e os que precisam ser aperfeiçoados.

Ligada intimamente ao assunto de desenvolver nossa voz, está a necessidade de praticar algumas técnicas básicas de comunicação, essenciais a todos os líderes. Embora a discussão a seguir possa ter semelhança com a Interpersonal Communications 101,[13] sempre me surpreendo ao ver que os líderes — inclusive eu — necessitam ser lembrados muitas vezes dessas práticas fundamentais.

Técnicas básicas de desenvolvimento para a comunicação do dia a dia

Quando reflito nas técnicas básicas exigidas de todos os líderes para comunicar-se em ambientes menores, penso em quatro ferramentas principais imprescindíveis: ouvir atentamente, perguntas perceptivas, momentos apropriados para o ensino e retrucar.

---

[13] Curso introdutório para familiarizar os alunos com as técnicas de comunicação necessárias para obter sucesso tanto no campo acadêmico como social. [N. do T.]

1. Ouvir atentamente. "Falar" é a palavra que nos vem à mente quando o assunto é *comunicação*. Mas a ferramenta muito mais essencial é a arte de ouvir atentamente. Na presença de um bom ouvinte, sentimo-nos livres, seguros para contar nossa história e grandemente valorizados. Minha amiga Corinne é uma das melhores ouvintes que conheço. Ela demonstra uma capacidade incrível de prestar atenção a qualquer pessoa com quem conversa. Quando tenho o privilégio de sentar-me ao lado de Corinne, sei que naqueles momentos ela está *presente por inteiro* e não se distrai nem um pouco com outra pessoa que porventura passe por perto nem com sua agenda e planos para o dia. Naqueles instantes, sou sua maior prioridade, e ela demonstra estar totalmente interessada em tudo o que tenho a dizer, por mais banal ou comum que o assunto possa ser. Corinne oferece aos outros seu olhar, sua energia e envolvimento total.

Em razão do ritmo frenético de nossa vida, a extraordinária capacidade de ouvir tornou-se um tanto rara e mais essencial que nunca. Quando um colega ou membro de equipe para o líder no corredor ou pede para ter um encontro a sós com ele, é hora de desligar os celulares, não dar atenção ao bip do computador de mesa avisando que chegou outro *e-mail*, e oferecer o dom da atenção. Se outras preocupações não puderem ser deixadas de lado, seja sincera: pergunte se a conversa poderia ser programada para outra hora, quando você estiver com tempo livre para dar mais atenção ao assunto.

Quando estou conversando com alguém, meus pensamentos adoram querer adivinhar o que a pessoa vai dizer. Fico imaginando a resposta que vou dar e interrompo impulsivamente com um comentário ou observação brilhante. Definitivamente, não sou boa ouvinte! Precisamos aprender a fazer pausas nas conversas, lembrar que são necessários apenas alguns momentos para responder com calma e dar espaço ao interlocutor para que ele consiga se comunicar. Tenho uma amiga precipitada que completa a frase da outra pessoa antes que ela termine, como se estivesse ansiosa por encerrar a conversa. Isso ocorre com frequência quando as duas pessoas dizem em uníssono as últimas palavras da sentença. Trata-se de um comportamento estranho e desagradável. O objetivo é ouvir de tal forma que a outra pessoa sinta que nada nos preocupa naquele momento, a não ser ouvir e *entender* o que está sendo dito.

2. *Perguntas perceptivas.* Além de ouvir com atenção, os líderes precisam fazer perguntas perceptivas, aquelas que transcendem o óbvio e extraem os melhores pontos de vista do interlocutor, levando a conversa a um nível mais profundo. Os líderes, mesmo aqueles que se propõem a ser bons ouvintes, têm a tendência de dar uma resposta imediata, apresentar uma solução ou uma recomendação sensata. Imaginamos ser a *pessoa que tem a resposta*. No entanto, no processo do diálogo, a arte de fazer perguntas perceptivas é muito útil ao líder.

Em razão do ritmo frenético de nossa vida, a extraordinária capacidade de ouvir tornou-se um tanto rara e mais essencial que nunca.

Jesus, o nosso líder, foi o maior exemplo de alguém que sabia fazer perguntas excelentes. A leitura de qualquer um dos quatro Evangelhos apresenta muitas ocasiões em que Jesus desarmou alguém com uma pergunta intencional. Em Lucas 10.25-37, um perito na lei levantou-se para pôr Jesus à prova com esta pergunta: "Mestre, o que preciso fazer para herdar a vida eterna?" (v. 25). Penso que a maioria de nós daria imediatamente uma resposta apropriada para a ocasião, talvez mencionando as quatro leis espirituais ou uma citação bíblica. Jesus não. Ele responde com outra pergunta: "O que está escrito na Lei? [...] Como você a lê?" (v. 26). Ao insistir em que o homem pensasse um pouco, lembrasse o que havia aprendido na Lei, Jesus envolve-o em um diálogo mais interativo, que mais tarde o leva a contar a história do bom samaritano e a fazer mais perguntas para explicar o significado daquela ilustração.

As perguntas perceptivas concentram-se na outra pessoa, procurando compreendê-la ou ajudando-a a compreender melhor a si mesma.

Quando o líder nos faz uma pergunta perceptiva, temos a tendência de responder com maior senso de responsabilidade e segurança — reconhecemos nossa capacidade de encontrar uma solução em vez de esperar que o líder se esforce para encontrá-la. É por isso que as perguntas perceptivas concentram-se na outra pessoa, procurando compreendê-la ou ajudando-a a compreender melhor a si mesma.

Sentada do outro lado da mesa, frente a frente com Judson, um dos homens de minha primeira equipe, notei que ele estava travado diante de uma discriminação de deveres que não mais o cativava nem produzia os resultados necessários. Certamente, Judson também notara isso. Sem saber como cutucá-lo para que saísse daquele lugar incômodo e que tipo de recomendação deveria dar, decidi fazer-lhe algumas perguntas: "Judson, que tipo de discriminação de deveres você redigiria para si mesmo se a igreja estivesse disposta a pagar a quantia que você pedisse? Que espécie de trabalho seria? Como você investiria suas horas semanais se seu trabalho o fizesse sair da cama todos os dias com entusiasmo, ansioso por chegar à igreja, com a sensação de ser um homem realizado, exercendo o trabalho que nasceu para fazer?".

Judson olhou-me com ar de incredulidade. Não podia imaginar que alguém estivesse realmente interessado em criar uma discriminação de deveres adaptada às suas forças, idealizar algo especial para ele que o deixaria livre para concentrar-se no que poderia oferecer de melhor. Dei a essa ideia o nome de Discriminação de Deveres da Disneylândia e, apesar de não prometer que lhe pagaríamos o que ele pedisse, prometi que pensaria no assunto com muito carinho e faria o possível para defender aquela função, desde que pudéssemos adaptá-la às necessidades da igreja.

Minha pergunta deu início a um processo que resultou em uma nova função para Judson, uma função que ele continuou a modificar ao longo dos anos e que, em minha opinião, ajudou a mantê-lo no ministério por muito tempo. Judson trabalha com alegria e está fazendo o trabalho para o qual foi criado. Grande parte de sua transformação começou com algumas perguntas perceptivas.

É capaz de lembrar-se de um momento marcante em seu ministério em que alguém tenha feito a você uma pergunta perceptiva? Como se sentiu? Se você é semelhante a mim, sentiu-se grandemente valorizada por saber que seu interlocutor não apenas a ouviu, mas também dispôs-se a fazer uma sondagem mais profunda e a buscar maior entendimento. Talvez tenha se maravilhado um pouco ao ver que alguém estava oferecendo a você o dom precioso de concentrar toda a atenção em você.

Quando estiver liderando, recorra à fina arte de fazer perguntas significativas. Não se trata de sinal de fraqueza ou de inferioridade de alguém que sempre tem as respostas. Na maioria das vezes, esse método interativo produzirá um relacionamento mais forte, o tipo de segurança e comprometimento a longo prazo que você procura em seus colegas de equipe.

3. Momentos apropriados para o ensino. Em cada encontro do líder, seja individual, seja em grupo, há uma possibilidade pairando no ar que eu chamo de momentos apropriados para o ensino. São oportunidades espontâneas para o líder esclarecer ideias ou reforçar um valor fundamental. É como se ele estivesse dizendo: *É assim que somos — e é assim que não somos*. Os líderes criam uma cultura e estabelecem um tipo de DNA para essa cultura, que inclui como interagimos uns com os outros, como tratamos as pessoas de nossa comunidade e todas as mensagens que queremos comunicar e ser conhecidos por elas. De vez em quando, acontece um fato específico que desperta forte reação no líder competente, porque um princípio fundamental foi violado, e sabemos que, se não chamarmos a atenção para esse deslize, perderemos o rumo com facilidade. Há também momentos relevantes, quando o líder observa que um princípio fundamental foi preservado, e ele reforça esse princípio comemorando a vitória.

Evidentemente, os pais sabem muito bem aproveitar esses momentos para transmitir lições aos filhos. Lembro-me de uma vez (está bem, houve várias vezes) em que uma de minhas filhas disse palavras extremamente grosseiras à irmã. Chamei as duas, olhei firme nos olhos delas e disse: "Nesta família, somos educados uns com os outros. No mundo lá fora, todos nós vamos encontrar pessoas que nem sempre serão educadas conosco. Mas, aqui dentro de casa, sempre defenderemos uns aos outros. Aqui é o lugar onde todos são amados e tratados com carinho. Por isso, o tom de voz e as palavras que acabei de ouvir são inaceitáveis, e espero que você peça desculpas à sua irmã e tome mais cuidado com as palavras que dirigir a ela daqui em diante". Gostaria de dizer que fiz esse tipo de discurso uma só vez, mas, de qualquer jeito, você não acreditaria em mim!

Da mesma forma, no ambiente de ministério, temos oportunidades de olhar nos olhos de nossos colegas de equipe e dizer: "Neste grupo, somos todos ________ (preencha o espaço)". Uma situação específica pode servir de excelente oportunidade para um desses momentos de definição. Por exemplo, lembro-me de uma época em que nossa igreja estava crescendo mais rápido do que nossa equipe de liderança e os voluntários eram capazes de administrar. Embora estivéssemos encantados com a chegada de novas pessoas à igreja, ficamos sobrecarregados com a tarefa de criar uma comunidade na qual os participantes se sentissem conhecidos, bem-vindos e incluídos de maneira significativa na aventura de servir.

Em uma de nossas reuniões, Bill Hybels falou de maneira firme e direta sobre os relatórios que estava recebendo das pessoas na congregação, afirmando que o pessoal encarregado não ligava para ele após seus telefonemas (naquela época, não havia *e-mails*). Bill disse que aquilo era inaceitável. Ele sabia que, se as pessoas na congregação se sentissem perdidas na "grandeza" da igreja, todo o nosso trabalho iria por água abaixo, principalmente um de nossos lemas: "As pessoas são importantes para Deus; portanto, precisam ser importantes para nós". Para reforçar sua mensagem, Bill disse que, se soubesse de algum encarregado que não respondesse a uma ligação, ele tentaria descobrir pessoalmente quem era e seu emprego estaria por um fio. Isso realmente chamou nossa atenção! E entendemos a mensagem: reconhecemos que não responder imediatamente ao chamado de alguém significa bater de frente com *quem somos* ou pelo menos com *quem queremos ser*. Queremos ser conhecidos por amar todas as pessoas e honrá-las com nossa atenção.

Não perca a oportunidade de aproveitar os momentos apropriados para o ensino, quando você pode esclarecer seus princípios fundamentais e incentivar sua equipe a voltar a andar nos trilhos.

Não perca a oportunidade de aproveitar os momentos apropriados para o ensino, quando você pode esclarecer seus princípios fundamentais e incentivar sua equipe a voltar a andar nos trilhos.

Retrucar. Quando eu era criança, meus pais sempre diziam a mim e a meus irmãos que não tínhamos permissão para *retrucar*. De vez em quando, eu também digo essa mesma palavra a minhas filhas e creio que exista uma lição apropriada para as crianças aprenderem a aceitar, sem questionamentos excessivos, as diretrizes dos pais. O problema é que, para a maioria dos adultos, principalmente as mulheres, esse tipo de submissão continua após a infância. Acrescente-se a isso o fato de que, embora tanto os homens quanto as mulheres se esforcem para não retrucar, é comum nossa cultura recompensar os homens por isso e censurar as mulheres. Muitas precisam desenvolver a técnica de retrucar, a capacidade de apresentar um ponto de vista alternativo, desafiar o *status quo* e pôr em ação sua voz única e exclusiva. Para retrucar com eficiência, o líder não precisa ser estridente, ofensivo, controlador ou hostil. Antes, a mulher líder necessita desenvolver seus músculos da arte de retrucar, buscando os princípios e convicções fortemente arraigados dentro dela e dispondo-se a enfrentar seus medos e até mesmo a refrear a ira, para comunicar-se com clareza, lógica e paixão.

Trabalho a maior parte do tempo com homens que expressam com total clareza o que pensam e manifestam seus pontos de vista com veemência e convicção. A coragem deles transmite tal autoridade que se torna fácil aceitar sem questionar o que dizem e pensar: "Se eles têm tanta certeza disso, devem ter razão".

Mais tarde, sempre me surpreenderia que algum daqueles homens admitisse um erro! Saber que até os líderes mais eficientes não estão 100% certos o tempo todo é uma dura realidade que me estimula a lutar mais pelo que *eu* penso, pelo que *eu* acredito e pelos momentos em que *eu* preciso ser corajosa o suficiente para retrucar. Isso talvez nos cause medo, mas retrucar é uma peça absolutamente essencial na caixa de ferramentas da comunicação do líder.

Cerca de três anos atrás, eu me vi em uma situação na qual tive de retrucar. Estávamos em meio a uma enorme transição em nossa igreja, que exigia a reorganização de vários departamentos, incluindo o ministério de artes. Eu não estava alheia ao fato de que precisávamos fazer algumas mudanças, mas, quando os líderes da igreja apresentaram uma nova estrutura organizacional para meu departamento, discordei da decisão deles. Além disso, não apoiava a maneira pela qual aquelas mudanças seriam feitas e também a maneira pela qual algumas pessoas com quem eu trabalhava há tanto tempo seriam tratadas.

Lembro-me claramente de uma reunião em que o plano estava sendo exposto para os membros principais do grupo e do aperto que senti no peito diante da ideia de expressar minha forte oposição. A situação assemelhava-se a uma onda gigantesca de mudança avançando tão rápido que meu pequeno sussurro de protesto não tinha nenhuma esperança de ser ouvido ou respeitado. Naquela reunião, e também nos encontros individuais nos meses seguintes, tentei verbalizar minhas preocupações com sinceridade, paixão, dignidade e objetividade. Mas não tive êxito. Em certas ocasiões, minhas emoções extrapolavam, minhas palavras careciam de força para comprovar meus argumentos, e eu não tinha um ponto de vista bem definido. Às vezes, cedia diante do poder persuasivo de outras vozes, sabendo que não poderia competir com eficiência. A certa altura, arrisquei-me a expressar minha ira, mas fiquei tão assustada com a reação contrária, que saí da sala mais zangada ainda e sentindo-me derrotada.

Ao fazer uma retrospectiva daquela época de liderança, lamento a deficiência de minhas técnicas de retrucar. Imaginava não ter nenhum poder, nenhuma chance, nenhuma esperança verdadeira de mudar o curso da maré e impedir as mudanças antes que fosse tarde demais. E a verdade é esta: mesmo que minhas técnicas fossem melhores, o resultado teria sido o mesmo. Eu ainda não estava bem preparada como líder para os momentos principais, em que minha voz precisava ser mais forte, mais sábia, como se fosse um toque de trombeta que ao menos exigisse uma reação de respeito e o direito de ser totalmente ouvida.

Há ocasiões em que todos os líderes precisam apresentar um novo ponto de vista, mesmo que sejam minoria e se sintam isolados e diferentes. Vamos voltar mais uma vez às palavras sábias de Jane Stephens:

> Voz verdadeira é a experiência de falar e *não* desistir. De dizer o que sabemos e sentir que o eco de nossas palavras ressoa até nossos calçados, e continuar firme em cima deles. De sentir força enquanto estamos em pé e ouvindo as palavras e significados que ressoam de volta para nós quando permanecemos firmes em nossa voz.[14]

Quanto mais nos arriscarmos a "permanecer firmes em nossa voz", mesmo em reuniões individuais ou em equipe, mais probabilidade teremos de permanecer firmes nas questões de maior importância. Tudo isso exige prática diária, e nenhuma de nós consegue ser eficiente nessa técnica da noite para o dia. Mas podemos ser mais eficientes.

---

[14] STEPHENS, Jane; ZADES, Stephen. **Mad Dogs, Dreamers, and Sages: Growth in the Age of Ideas**. New York, Elounda Press, 2003, p. 94.

Até que ponto você tem habilidade para retrucar? Já encontrou sua voz em reuniões ou em encontros individuais? Sente-se capaz de discordar? É capaz de divergir de outro ponto de vista com força interior e verbalizar claramente sua opinião? Se você ainda precisa exercitar esses músculos da arte de retrucar, da mesma forma que eu, incentivo-a a enfrentar qualquer medo que atravesse seu caminho. Talvez seja a possibilidade de não ser aprovada por todos, de defrontar-se com um argumento mais forte, de não ser capaz de convencer os outros. Nada disso é tão terrível quanto o medo que sentimos. Quanto mais nos arriscamos a aproveitar as oportunidades, mais descobrimos que o mundo não para de girar quando retrucamos e que podemos seguir em frente.

O autor e consultor de negócios Patrick Lencioni ensina que todas as equipes bem ajustadas sabem lutar com honestidade, abrir espaço para uma variedade de pontos de vista, discordar e, ainda assim, tratar bem os outros. Essas habilidades são raras, principalmente nos círculos cristãos, e principalmente, lamento dizer, nas mulheres nesses círculos de liderança. Quero retrucar melhor, com mais frequência e sem muito medo. Espero que você também.

Se aperfeiçoarmos nossa capacidade de ouvir atentamente, fazer perguntas perceptivas, aproveitar os momentos de definição e retrucar, seremos capazes de pairar acima do nível de influência que temos com pessoas e equipes. Estamos sempre nos comunicando — a questão verdadeira é até que ponto nossa comunicação é eficiente.

E ENTÃO FUI CONVIDADA A ENSINAR!

Desde os primeiros dias de nossa igreja, quando nos reuníamos em um cinema da cidade, de tempos em tempos eu lia a Bíblia no culto matinal de domingo, fazia alguns comentários introdutórios ou transmitia avisos à congregação. Também comecei a ministrar aulas em *workshops* nas reuniões de treinamento que dirigíamos para as outras igrejas. Em minha opinião, essas experiências estavam longe de qualificar-me para transmitir a mensagem no culto matinal de domingo, por isso fiquei atônita quando, um dia, Bill me chamou ao seu escritório e perguntou-me se eu estaria disposta a transmitir a mensagem do Dia das Mães. Até aquele dia, não havia nenhuma professora trabalhando regularmente na equipe de auxiliares de nossa igreja. Aliás, a lista extremamente pequena de comunicadoras incluía apenas Jill Briscoe e a irmã do ex-presidente Jimmy Carter.

Milhões de hesitações percorreram-me a mente enquanto eu tentava encontrar uma resposta. Meus padrões acerca do ensino eram extremamente altos porque sempre fui cercada de excelentes comunicadores. Não sabia ainda se Deus me abençoara com o dom de ensinar e, em caso positivo, se eu estava à altura de desenvolver aquele dom, conforme nossa igreja exigia e esperava. Também estava consciente de que não era nenhuma especialista em cuidar de filhos, pois fazia apenas quatro anos que me tornara mãe. Será que as mães mais experientes estariam dispostas a ouvir esta mãe novata? E como a congregação reagiria ao ver uma mulher dando aula no púlpito? Nossa igreja estaria pronta para essa mudança?

Apesar das hesitações, uma voz suave dentro de mim encorajava-me a correr o risco e a aceitar o desafio. Assim começou minha jornada como professora, e essa função levou-me a ser incluída na equipe de auxiliares como pastora da área de ensino.

A descoberta de que eu recebera o dom de ensinar não deveria ser tão chocante para mim. Hoje, vejo que Deus estava me preparando o tempo todo para pôr esse dom em prática, aproveitando o excelente treinamento que recebi quando competia na equipe de oratória nos tempos de colégio. Bill teve a prudência de apresentar-me aos poucos à congregação por um longo período de tempo, oferecendo-me oportunidades menos importantes de comunicação. A congregação já me conhecia, creio eu, e confiava em mim como pessoa e como seguidora de Cristo.

Mesmo assim, conforme ocorre com qualquer outro professor, o tempo de experiência começou a revelar se meu dom de ensinar seria eficiente ou não. O teste mais evidente para saber se alguém tem o dom de ensinar torna-se conhecido no modo de reagir dos ouvintes. Eles demonstram interesse quando você fala? Compreendem e agem de acordo com as verdades transmitidas? E, talvez a pergunta mais óbvia, comparecem à aula seguinte e dão sinais de que querem aprender mais?

Reconheço que muitos cristãos ainda acham que, de acordo com a Bíblia e as tradições, a função de pregadora não se encaixa nas funções de uma mulher (minha mãe diz às pessoas que sou *professora*, não *pregadora*). Quando comecei a ministrar aulas no púlpito, houve algumas pessoas na congregação que não concordaram, pois isso ia de encontro às suas doutrinas. Reuniram-se com os nossos presbíteros e, com o tempo, algumas abandonaram a igreja em busca de um lugar onde seus pontos de vista encontrassem apoio. Bill e os presbíteros protegeram-me e não permitiram que a maioria dessas reclamações chegasse a meus ouvidos, mas eu sabia que havia controvérsias a respeito de minha presença no púlpito.

Foi assim que, naquela manhã ensolarada de maio, subi ao púlpito com os joelhos trêmulos (meus amigos da equipe de produção, que se sentaram na primeira fileira, puderam ver as vibrações através das pernas de minha calça comprida) e a voz mais trêmula ainda. Tive de conversar muito comigo mesma para perseverar naquelas primeiras experiências, inclusive incutir dentro de mim a ideia de que todos os ouvintes estavam a *meu favor*, não contra mim, que a grande maioria das pessoas tem pavor de falar em público, que Deus me dera a mensagem para transmitir e me concederia força por meio de seu Santo Espírito, e que eu deveria oferecer o que havia de melhor em mim. Reconheci que parte de meu desafio seria não me comparar com os outros professores, sabendo que ao longo dos anos eu havia desenvolvido padrões extremamente altos, baseados na qualidade dos comunicadores com quem tive o privilégio de aprender.

Meus exemplos de pessoas que dominavam com excelência a arte de ensinar na igreja eram, na maioria, homens: Bill Hybels,

John Ortberg, Andy Stanley, Erwin McManus, Donald Miller, Harvey Carey, Wayne Cordeiro. Como poderia encontrar minha voz e não ceder ao impulso de imitar os homens que eu tanto respeitava? Precisei, claro, aprender com esses exemplos sem tentar clonar nenhum deles, certo? Repito, tive de aprender o que significava ser eu mesma por inteiro, aceitar-me e estar disposta a me expressar de maneira autêntica, como mulher de fé.

Tive de aprender o que significava ser eu mesma por inteiro, aceitar-me e estar disposta a me expressar de maneira autêntica, como mulher de fé.

Da mesma forma que qualquer outra pessoa com o dom de ensinar, entendi que podia e deveria melhorar — por meio da experiência, de ouvir excelentes comunicadores, de aceitar opiniões de treinadores e ouvintes perspicazes e de agarrar todas as oportunidades para aprender mais. Mas meu maior desafio como professora centraliza-se em encontrar minha voz única e exclusiva, à medida que estou aprendendo o significado de ouvir minha voz e os sussurros de Deus.

Ouvindo o que minha vida diz

Os melhores comunicadores que conheço praticam a arte de prestar atenção à vida deles, a todos os momentos e experiências que servem para ensinar-nos, lembrar-nos da presença santa de Deus e nos fornecer a base para contar histórias que nos liguem às outras pessoas e nos identifiquem com elas. Emociono-me há anos com o desafio do autor e pastor Frederick Buechner sobre o tema de prestar atenção, inclusive com estas palavras de seu livro *Now and Then* [De vez em quando]:

> Levar os filhos à escola e despedir-se da esposa com um beijo. Almoçar com um amigo. Tentar fazer o trabalho do dia de maneira digna. Ouvir a chuva bater na vidraça. Não há nenhum evento, por mais comum que seja, no qual Deus não esteja presente,

> sempre de maneira oculta, sempre deixando espaço para você reconhecê-lo ou não reconhecê-lo, porém de maneira mais fascinante ainda em razão de tudo aquilo, mais arrebatadora e misteriosa [...]. Se eu fosse convidado a declarar em poucas palavras a essência de tudo o que estava tentando dizer, tanto como romancista quanto como pregador, eu diria mais ou menos isto: Ouça o que sua vida diz. Veja-a apesar de seu mistério insondável. No tédio e na dor, na empolgação e na alegria: toque, prove, descubra o seu caminho até o centro sagrado e oculto da vida, porque, em última análise, todos os momentos são momentos importantes, e a vida em si significa graça.[15]

Se eu não ouvir o que minha vida diz, não terei nenhuma esperança de desenvolver minha voz única e autêntica. É nas coisas aparentemente comuns, nos momentos do dia a dia — como filha, amiga, esposa, mãe, vizinha, trabalhadora e filha de Deus — que ouço os sussurros do Espírito Santo, reconheço as tentações e provações comuns aos seres humanos e crio vínculos que Deus pode usar para soprar vida e entendimento na vida de outras pessoas.

A comunicação gira em torno de criar vínculos. Todos nós ouvimos mensagens de pessoas extremamente inteligentes, mensagens repletas de informações fascinantes e não muito fascinantes. Mas essas pessoas não conseguem construir nenhum tipo de ponte que nos atraia e se identifique com nossa vida. Evidentemente, isso se relaciona com o extraordinário poder da história. Mensagens que criam vínculos são, em geral, construídas sobre histórias contadas com sinceridade, talento, calor humano e, às vezes, humor. Histórias que provocam o ouvinte a dizer: "Sim, entendi e já estive em situação semelhante".

Quando encontro alguém de nossa igreja pela primeira vez, em geral essa pessoa faz comentários sobre uma de minhas mensagens — e é das histórias que ela se lembra. Certa vez, eu estava lecionando sobre paciência e contei a história de minha impaciência com Johanna, minha filha caçula, quando ela perdeu o aparelho

[15] San Francisco: Harper & Row, 1983, p. 87, 92.

ortodôntico. Ao retornarmos da igreja no fim da tarde de um domingo, Jo aproximou-se de mim com ar de medo em seus grandes olhos azuis para dizer-me que havia perdido o aparelho mais uma vez. Ela achou que o deixara cair naquele mesmo dia, quando entramos no carro de volta para casa, após o culto na igreja. *Ah, que ótimo.* O estacionamento de nossa igreja é imenso — tem quase 4 mil vagas — e o dia começava a escurecer. Era completamente absurda a ideia de conseguir encontrar aquela peça de plástico, pequenina e cara.

Com grande irritação na voz, eu disse a Johanna que entrasse no carro para voltarmos juntas à igreja, o que provavelmente seria uma tarefa fútil e ridícula. Posteriormente, Johanna contou-me que orou em silêncio durante todo o trajeto até o estacionamento, para que encontrássemos o aparelho. (Minha filha é muito mais espiritual do que eu: ela estava orando enquanto eu fervia de raiva!)

Quando chegamos, a maioria dos carros já havia ido embora, e consegui lembrar-me vagamente de onde estacionamos, fato extremamente raro para mim. Imagine o susto que levei quando vi um objeto brilhando no concreto sob a luz fraca do dia. Dei marcha à ré, abri a porta do carro, e lá estava ele. Foi um milagre eu ter encontrado o aparelho. Johanna sorriu e contou-me sobre sua oração. Envergonhada diante da fé manifestada por Johanna e de minha falta de fé, devolvi-lhe o aparelho e voltamos para casa.

Mesmo depois de alguns anos, muitas pessoas ainda se lembram da história do aparelho ortodôntico. Elas não se lembram muito do que ensinei naquela mensagem sobre paciência, mas lembram-se de cada detalhe do pequeno milagre. Todas as vezes que revelamos fatos de nossa vida e contamos histórias, desde que sejam apropriadas e com a permissão das pessoas envolvidas, os ouvintes sentem um vínculo conosco. Estou aprendendo que as pessoas em nossa congregação, mesmo aquelas com quem nunca tive contato, acham que me conhecem e à minha família simplesmente por causa das histórias que conto sobre os eventos comuns de nossa vida.

Pelo fato de ser comunicadora, é muito importante que eu ouça o que minha vida diz — de minha perspectiva feminina — e conte minhas histórias. Não conto histórias de corridas de barcos à vela, como Bill Hybels; de façanhas na direção de um caminhão, como Mike Breaux; de surfe, como John Ortberg; nem de ganhar almas para Cristo em aviões, como meu amigo Lee Strobel. Conto histórias ocorridas em aulas de pilates, no clube do livro, em quadras esportivas vendo minha filha jogar basquete, em restaurantes com meu marido.

Quando ouço o que minha vida diz e conto minhas histórias, uma voz emerge. É a minha voz, e ela cria vínculos com as pessoas que as outras vozes não conseguem criar. Não creio que os momentos rotineiros de minha vida sejam importantes para eu contar aos outros, mas a verdade é que meus ouvintes são muito mais semelhantes a mim do que imagino. Tenho grande capacidade de criar vínculos com outras pessoas porque minha vida é comum até certo ponto, mas ao mesmo tempo espetacular quando a vejo sob a luz da presença e do poder de Deus. O educador e autor Parker Palmer diz que o bom professor precisa posicionar-se na duplicidade vulnerável da vida pública e particular, "lidando com o tremendo fluxo de trânsito no cruzamento, onde 'tecer uma teia de vínculos' é mais semelhante a atravessar a rodovia a pé".[16]

Se você leciona e prega, não tente ser alguém que não é. Não imite o estilo, a voz e as histórias de outras pessoas na tentativa de ser aceita. Confie que Deus concedeu a você uma voz que precisa ser ouvida, e histórias que criarão um vínculo entre você e seus ouvintes, desde que suas palavras sejam proferidas com espírito de sinceridade, percepção e reflexão na verdade eterna. Todos nós estamos contando a história mais importante de todas, a história da redenção por intermédio da pessoa de Jesus Cristo.

Se você leciona e prega, não tente ser alguém que não é.

[16] **The Courage to Teach: Exploring the Inner Landscape of a Teacher's Life**. San Francisco: Jossey-Bass, 1998, p. 17.

Quando transmitimos ensinamentos bíblicos, aplicamos essas verdades por meio do prisma de nossa experiência, e o Espírito Santo realiza a obra transformadora no coração e na mente de nossos ouvintes. Preste atenção a cada momento em suas experiências diárias, para que você seja uma mulher que examina a própria alma e é usada por Deus para soprar vida nos outros.

Ouvindo a voz de Deus

Quase sempre, irrito-me quando ouço alguém duvidar de que Deus continue a realizar milagres assombrosos nos dias de hoje, porque um dos exemplos mais espetaculares do poder sobrenatural que conheço ocorre todas as vezes que um seguidor de Cristo fica em silêncio para ouvir a voz meiga e suave de nosso Criador. Quando concordo em falar em nossa igreja ou em um evento qualquer, minha maior preocupação é encontrar tempo e espaço para ouvir aquela voz meiga e suave e discernir, mediante o poder do Espírito Santo, a mensagem que Deus deseja que eu transmita. Na maioria das vezes, meu trabalho começa com um estudo da Bíblia sobre a verdade que devo analisar e investigar. Quando ouvimos com atenção, Deus utiliza sua Palavra, aliada às experiências de nosso dia a dia, para guiar e moldar o que precisa ser transmitido ao público. E o fato de saber que Deus fala até hoje a qualquer um que preste atenção a ele — na direção do carro, embaixo do chuveiro, andando na vizinhança ou tomando café na padaria — deixa-me verdadeiramente estupefata. Dou a isso o nome de milagre.

Na agitação do dia a dia, todo líder chamado para ser comunicador deve dedicar-se inteiramente à disciplina da solidão.

Na agitação do dia a dia, todo líder chamado para ser comunicador deve dedicar-se inteiramente à disciplina da solidão. Não podemos ouvir a voz de Deus em meio à agitação de um dia repleto de ruídos, correrias, distrações e interrupções. Acredito também que devo reservar as melhores horas do dia para preparar a mensagem ou a aula, que, em meu caso, é de manhã. Aprendi com outros líderes a ter o cuidado de não marcar reuniões e compromissos para a maioria das manhãs da semana. Em quase todas elas, posso ser encontrada na padaria Panera Bread ou no Caribou Coffee, com uma xícara de chá diante de mim e meu *laptop*. Nesse local de solidão, tento deixar espaço para o Espírito Santo penetrar em meus pensamentos, elucidar meu estudo e ajudar-me a elaborar e ilustrar a mensagem.

Na carta à igreja em Corinto, o apóstolo Paulo revela o mistério de como Deus se comunica por meio de seu povo: "Delas também falamos, não com palavras ensinadas pela sabedoria humana, mas com palavras ensinadas pelo Espírito, interpretando verdades espirituais para os que são espirituais" (1Coríntios 2.13). Nunca me esquecerei da maravilha que Deus concedeu aos homens e mulheres de serem sua voz na comunidade, de proferirem as verdades eternas da Bíblia e aplicá-las à nossa realidade, com relevância e autenticidade. Se tivesse de confiar na sabedoria humana sem a unção do poder do Espírito Santo e as palavras que ele me orienta a falar, eu seria apenas mais uma oradora, não uma mensageira de Deus. Quando fico sozinha e em silêncio, tento lembrar-me da santidade da tarefa, sem me sentir subjugada por ela. Não podemos esquecer que Deus ama nossas igrejas mais do que nós as amamos e deseja que o culto inteiro e o tempo da mensagem causem impacto em seu povo e toquem o coração daqueles que ainda não se entregaram a ele.

Assumimos a responsabilidade de ouvir para receber orientação, de desenvolver nosso dom, de estudar com diligência, preparar e transmitir nossas mensagens com paixão e espírito totalmente livre. Depois, confiamos o resultado a ele, o único capaz de transformar vidas. Se você costuma preparar mensagens com regularidade para uma equipe ou congregação, pergunte a si mesma se está deixando espaço suficiente para ouvir a voz de Deus. Se prestar atenção a essa voz, ele mostrará a você o caminho para encontrar a sua.

Faz treze anos que leciono regularmente. Há ocasiões em que sou chamada a levar uma palavra de ânimo, incentivar as pessoas a que aproveitem o dia para vivê-lo da melhor maneira possível. Em outras mensagens, sou solicitada a ampliar a mente da congregação, apresentar verdades que exigem muito esforço de todos nós à medida que examinamos a Bíblia e a aplicamos à nossa experiência diária. Aprendi com o Antigo e o Novo Testamentos a sempre extrair muito mais de meu estudo e preparação do que os ouvintes possam extrair. Um dos aspectos de minha função de comunicadora na igreja surgiu lentamente ao longo do tempo e ele me surpreende e me capacita a fazer uma pausa. Jane Stephens chama essa capacidade de "o poder da bênção" ou "impetrar a bênção". Vi esse papel vital da bênção e da graça de Deus com muita clareza no fim de semana após os acontecimentos pavorosos de 11 de setembro de 2001.

Na tarde da trágica terça-feira, em que os Estados Unidos estavam sob clima de terror diante dos ataques terroristas ao World Trade Center, nossa equipe de liderança reuniu-se no escritório de Bill. Reconhecemos, da mesma forma que os líderes das igrejas de todo o país, que todos os nossos planos para o domingo seguinte teriam de ser refeitos. Precisávamos orar fervorosamente para preparar um culto inteiramente diferente a fim de lidar com o sofrimento, a confusão, a ansiedade e as perdas extremas que nossa comunidade estava vivenciando.

Além das decisões óbvias sobre o ritual do culto, tínhamos diante de nós a pergunta *quem*. Quem da equipe pastoral e de artes deveria estar visível e presente para ajudar nossa congregação naquele momento tão crítico? A primeira e óbvia resposta foi: nosso pastor sênior. Bill seria responsável pela mensagem principal do dia. Mas, logo em seguida, a equipe olhou para mim e perguntou se eu estaria disposta a dirigir alguns momentos de oração e direção espiritual. Houve consenso de que a congregação também precisava ouvir minha voz.

Nossa igreja não foi a única a ficar superlotada naquele fim de semana de setembro. O estacionamento lotou, havia carros estacionados a quarteirões de distância, e três de nossos cultos receberam um número maior de pessoas do que o templo podia acomodar. Quando a tragédia abateu-se sobre o país, até aqueles que não entravam em uma igreja havia anos apareceram, porque a vida parecia insegura, e o povo não tinha a quem recorrer, a não ser a Deus e à religião. Havia um anseio desesperado por esperança e união, bem como o entendimento alimentado por uma intensa conscientização de que nada voltaria a ser como antes, que os alicerces de nosso país estavam balançando e muito mais frágeis do que já víramos. E, assim, todos nós fomos à igreja, em busca de uma explicação que fizesse sentido ou, pelo menos, em busca de um pouco de consolo por estarmos juntos e poder apresentar nossas perguntas e orações.

Enquanto falava naquela manhã, expressando o horror que sentia, dirigindo a congregação à presença do Deus soberano sem esconder a própria perplexidade e dor, eu sabia que estava no lugar em que deveria estar. Respirei fundo, descrevi com total sinceridade o estado em que me encontrava, li as verdades eternas de Salmos para que elas nos sustentassem e orei clamando a Deus por auxílio e refúgio. Aqueles momentos foram indispensáveis, da mesma forma que o cântico de consolação que se seguiu e a mensagem de Bill. Deus usou minha voz como parte vital de nossa equipe e como membro determinante da família da igreja.

Sem sua voz, sua comunidade não brilhará intensamente nem será saudável como deveria ser.

Em várias ocasiões, alguns membros da congregação contaram-me que me veem como "mãe" de nossa igreja. Não tenho muita certeza disso. Mas ser mãe é um chamado nobre, e nosso Deus é descrito na Bíblia como pai e mãe de seus filhos. Outras pessoas dizem: "Nancy, você é o *coração* de nossa igreja" e descrevem os outros líderes como *cabeça*. Embora eu lute contra o estereótipo de que as mulheres líderes expõem mais suas emoções e sentimentos, reconheço também o poder de ser uma força de consolação, um conduíte de vulnerabilidade e uma voz para a livre expressão de sentimentos e necessidades, incluindo a necessidade que temos de ser tranquilizados e abençoados. Quando impetro a bênção sobre nossa congregação, quando olho firme nos olhos dos congregantes e os faço lembrar-se do imenso amor de Deus por eles, de que Deus é *loucamente apaixonado por eles*, e quando afirmo o valor de cada um, sinto-me maravilhada por esse privilégio santo. Estou aceitando cada vez mais ser uma espécie de mãe em nossa comunidade porque, afinal de contas, essa é a maior parte do que sou e do que Deus me chamou para ser.

Ainda estou encontrando e desenvolvendo minha voz, tanto quanto aprendendo a expressá-la. A igreja precisa desesperadamente das vozes de um número maior de mulheres líderes, tanto em grupos pequenos, quando elucidamos visões e inspiramos equipes, quanto em reuniões maiores, quando ensinamos em *worshops* ou transmitimos a mensagem nas manhãs de domingo. Seja qual for a área em que você usa o dom da comunicação, empenhe-se em descobrir sua voz única e exclusiva e depois permita que ela seja ouvida. Precisamos que você seja verdadeira, que conte suas histórias, abençoe-nos com suas opiniões, empurre-nos para cima, console-nos e desafie-nos, que crie vínculos entre as pessoas, que nos esclareça, inspire-nos, dê-nos visão e nos dignifique. Sem sua voz, sua comunidade não brilhará intensamente nem será saudável como deveria ser. Ouça, por favor, o que sua vida diz, ouça a voz de seu Deus e depois diga palavras que revelem a comunicadora extraordinária que existe dentro de você, porque Deus tinha esse plano em mente quando a criou.

Um comentário rápido antes que você leia o capítulo 7

Estamos prestes a fazer um desvio que talvez pareça um afastamento abrupto da jornada que estamos percorrendo até este ponto. Mas eu explico por que isso é importante. Quando comecei a escrever este livro, imaginei que os leitores seriam tanto homens quanto mulheres. Todo o meu ensinamento ao longo dos anos tem sido dirigido a ambos os sexos, e esse é o sistema mais natural para mim. No entanto, para minha surpresa, quanto mais eu mergulhava em cada capítulo, mais me via concentrada nas questões e necessidades específicas das mulheres líderes. Em consequência, cada capítulo passou a ser mais e mais pessoal e mais concentrado nas mulheres do que imaginei no início. Essa mudança apresentou-me um dilema: como encontrar um caminho para fazer pedidos corajosos e claros aos homens líderes na igreja se eles não fossem meus leitores principais?

Decidi, então, escrever o capítulo 7, voltado diretamente para pastores e homens líderes. Evidentemente, muitos desses leitores não saberão que este capítulo foi escrito para eles, a menos que alguém os avise. Pensei em pedir ao editor que picotasse as páginas para que você pudesse destacá-las e entregá-las aos principais homens líderes de sua comunidade. Não chegamos a fazer isso, mas você entendeu a ideia. Seria ótimo que os homens lessem o livro inteiro ou pelo menos o examinassem superficialmente para ter uma visão geral da situação e dos desafios enfrentados pelas mulheres líderes. Caso isso não seja possível, peça aos homens que leiam o capítulo 7. Minha esperança é que essa carta abra algumas portas para diálogo e progresso. A propósito, você também deve lê-lo.

7

Carta aberta aos pastores e líderes de igreja

Caro pastor ou líder de igreja,

Imagino que alguma mulher entregou a você este livro e disse: "Não vou pedir que você leia o livro inteiro, mas estaria disposto a ler o capítulo 7? Foi escrito para você". Portanto, embora você tenha pilhas e mais pilhas de outras coisas para ler, e talvez esteja hesitante em pegar um livro como este, deve ter pelo menos concordado comigo a respeito da última frase. Sou grata por isso. A prova de sua disposição em estudar o assunto das mulheres em cargos de liderança na igreja foram estes poucos minutos que você separou em sua agenda. Valorizo muito seu tempo e farei o possível para ir direto ao assunto.

Escrevo em nome das mulheres de todo este planeta que amam Jesus Cristo e a quem foram confiados os dons de liderança e ensino. Escrevo em nome das mulheres líderes em sua igreja — aquelas que ainda não se destacaram ou não saíram do esconderijo. O que tenho a dizer não se baseia apenas em minha experiência, mas também nas inúmeras conversas com mulheres que sonham em ter uma função significativa na igreja, mulheres que já estão liderando ou que permanecem à beira do campo, querendo saber se existe um lugar para elas. Embora eu seja uma única voz, venho à sua presença com a confiança de que posso falar com sinceridade em nome de muitas mulheres que desejam aplicar seus dons de liderança e ensino à igreja.

Talvez você já tenha oferecido boas oportunidades e apoio significativo às mulheres líderes e professoras. Se esse for o caso, minhas palavras servirão simplesmente para realçar grande parte do que você já está fazendo e, quem sabe, apresentar a você outras ideias para sua reflexão. Ou, quem sabe, você admita ter preocupações e reservas quanto a atribuir a uma mulher a função de líder na igreja. Se assim for, peço apenas que leia esta carta com a mente e o espírito abertos.

Se já tem um ponto de vista firmado sobre as mulheres na liderança da igreja, eu o encorajo a manter essa perspectiva com espírito de humildade e sinceridade contínuas. Craig Blomberg, adepto do pensamento complementar e um dos colaboradores do livro *Two Views on Women in Ministry* [Dois pontos de vista sobre as mulheres no ministério], exorta-nos com estas palavras:

> Todos nós que falamos e escrevemos a respeito das funções atribuídas a homens e mulheres deveríamos começar e terminar cada discurso com estas advertências: "Eu posso estar errado" e "Respeito o direito dos irmãos evangélicos e das igrejas evangélicas de chegarem a conclusões diferentes e cooperarei com eles em lugar de combatê-los. Farei isso em prol da causa maior de Cristo e seu Reino, que tanto necessitam de união".[17]

Que todos nós demonstremos tal espírito de misericórdia e respeito sobre esse assunto, o qual pode facilmente degenerar a ponto de provocar divisões e rancores. Por amor ao Reino, precisamos ser extremamente cuidadosos com nossas palavras e atitudes.

Quero começar minha explanação analisando *o que* estou desafiando você a fazer, com o objetivo extremamente específico de o chamar à ação. Em seguida, farei uma descrição explicando *por que* esse assunto é tão importante para sua congregação, sua comunidade, sua liderança e liderados e para a próxima geração.

POR QUE ESTOU FAZENDO UM DESAFIO

No que se refere a ações específicas, peço encarecidamente a você que aceite um desafio triplo: dedique-se a estudar com diligência a questão das mulheres que ocupam cargos de liderança na igreja, faça disso um assunto de máxima prioridade e seja o advogado mais inflexível que puder para defender a causa das mulheres abençoadas com dons de liderança e ensino.

[17] Grand Rapids: Zondervan, 2005, p. 123.

Dedique-se a um estudo diligente

Todos nós apegamo-nos com firmeza a uma imagem mental do que pensamos ser o certo e qual deveria ser a função bíblica das mulheres na igreja. Essa imagem mental é formada em grande parte por nossos conhecimentos e educação, pelas tradições das igrejas ou denominações das quais participamos e por nossas experiências com mulheres em cargos de liderança. Por mais úteis que sejam essas influências, elas são incompletas na própria essência. Infelizmente, muitos líderes ainda não se dedicaram a um estudo sobre o assunto e não estão equipados para articular, com discernimento e clareza, a base para a posição que defendem. Nessa categoria, estão incluídos aqueles que pendem para o lado de uma visão complementar (funções ministeriais diferenciadas de acordo com o sexo da pessoa), bem como os que se apegam a uma visão igualitária (oportunidades iguais de ministério para ambos os sexos). Talvez você seja uma exceção, mas a maioria dos líderes com os quais deparo, homens e mulheres, não tem feito o dever de casa necessário para lidar com as passagens bíblicas complexas. Por consequência, esses lideres não são capazes de dar uma resposta racional e completa à sua congregação nem a outras pessoas que lhes fazem perguntas investigativas. Eles dão meias respostas ou respostas banais que deixam a desejar e carecem da profundidade exigida para um assunto de tanta importância.

Por isso, pergunto a você: estudou o assunto com diligência? Tem lido livros que apresentam uma variedade de opiniões? Tem lutado sinceramente com o contexto e os fundamentos de todas as passagens bíblicas complexas? É capaz de defender sua posição com firmeza ou deriva para o caminho de deixar as coisas como sempre foram em sua igreja ou denominação?

No Apêndice 1 (página 189), relaciono vários livros que podem servir de ponto de partida para seu estudo. Incentivo você a encontrar tempo para esse tipo de estudo e a iniciar sua investigação com a mente o mais aberta possível, como se estivesse começando do zero, deixando de lado os preconceitos e opiniões anteriores. Melhor ainda, pense na ideia de reunir um pequeno grupo de líderes em sua igreja, incluindo alguns presbíteros, e participe com eles de um estudo sincero e profundo.

Foi exatamente isso que os presbíteros fizeram nos primeiros anos de nossa igreja. Afirmo que, como igreja não denominacional, tivemos a liberdade de começar com uma folha de papel em branco e lutar com o assunto até chegar a um consenso. Durante vários meses, os presbíteros vasculharam e estudaram o assunto e conversaram entre si sobre o que estavam aprendendo. Não sei qual era a conclusão a que chegavam no fim do dia, mas serei eternamente grata por sua diligência. Eles conquistaram o respeito da congregação e até mesmo o respeito daqueles que não concordaram com as explicações ou justificativas (incluídas na página 213 do Apêndice 3). Ninguém pode dizer que eles trataram rapidamente do assunto para evitar constrangimentos.

Pense na ideia de reunir um pequeno grupo de líderes em sua igreja, incluindo alguns presbíteros, e participe com eles de um estudo sincero e profundo.

Pastores e líderes de igreja, por favor, comprometam-se a dedicar-se a um estudo diligente. Reconheço que a leitura de alguns livros e comentários poderá deixá-los um pouco mais confusos, porque o assunto é muito complexo, e aqueles que se agarram firmemente a um ponto de vista são convincentes quando apresentam seus argumentos. Mas precisamos estar dispostos a lidar com a dissonância e perseverar até o fim do trabalho — e fazer dele uma prioridade.

Faça disso um assunto de máxima prioridade

Minha experiência na equipe de liderança sênior em uma igreja em contínua expansão deu-me a oportunidade de tomar conhecimento de uma variedade de assuntos com os quais os líderes de igreja lidam com regularidade, e vi como esses assuntos variados competem para ser o foco das atenções. Sabíamos que não poderíamos nem deveríamos colocar muitas preocupações no topo da lista e que precisávamos orar para saber escolher os assuntos que seriam os mais importantes na vida de nossa igreja durante determinado período. Evidentemente, o líder de cada equipe tinha opiniões firmes sobre que assuntos deveriam ser prioridade máxima e as defendia com unhas e dentes, envolvendo-nos em discussões animadas e apaixonadas. Tratava-se de discussões positivas, e eu me deliciava com as trocas de palavras, por vezes acaloradas, pois eram sinal de que todos estavam realmente interessados no assunto.

Sou capaz de adivinhar que você tem pelo menos uma dezena de *assuntos realmente importantes* em sua igreja neste momento, assuntos que clamam por atenção e são verdadeiramente críticos para a saúde, a vitalidade e o bom andamento de sua comunidade. Peço, contudo, que coloque a questão da mulher líder como item número um na lista de suas preocupações. A questão da mulher líder é um daqueles assuntos (há outros como, por exemplo, tornar-se mais diversificado e multicultural em termos raciais) que deixamos de lado com facilidade, hesitamos durante meses para analisá-lo e esperamos secretamente esquecê-lo porque sabemos que é muito confuso e complexo. Raramente, consideramos urgentes esses assuntos diante de todas as outras aparentes emergências acenando para nós com bandeiras vermelhas.

Ainda assim, este assunto é muito mais urgente do que aparenta ser na superfície, e os riscos de não solucioná-lo são extremamente altos. Em uma conversa recente, o autor e pastor sênior John Ortberg declarou: "A credibilidade do evangelho correrá um risco cada vez maior se a igreja tornar-se o único lugar na sociedade onde os homens e as mulheres não podem servir juntos como seres iguais, feitos à imagem de Deus". Quer concordemos quer não com essa frase, o assunto exige que todos os líderes de igreja se engajem ativamente na questão, para pedir a orientação do Espírito Santo sobre os princípios fundamentais envolvidos. Não podemos ficar apáticos diante de um assunto tão importante.

Uma forma de aumentar o nível de urgência é investir um pouco de tempo intencionalmente para ouvir as mulheres de sua congregação. Que tal convidar algumas mulheres com o dom da liderança, seja individualmente, seja em um grupo pequeno, para almoçar com você ou reunir-se em seu escritório? É preciso grande dose de coragem para falar abertamente desses assuntos com as pessoas mais afetadas por suas decisões. Mas, se você estiver disposto a fazer algumas perguntas essenciais e ouvir com sinceridade, as mulheres líderes sentirão que são realmente importantes para alguém de seu nível, alguém capaz de fazer perguntas e procurar maior entendimento.

Se você estiver disposto a dar este passo corajoso, estas são algumas perguntas que poderia fazer às mulheres com quem se reunir:

- Que tipos de oportunidades vocês tiveram para exercer cargos de liderança em nossa igreja? Essas oportunidades enquadram-se em seus interesses e paixões?
- Quando se trata de expressar seu ponto de vista e colaborar em decisões estratégicas, até que ponto vocês se sentem seguras nas equipes masculinas de sua igreja?
- Descreva sua experiência dentro da cultura de nossa igreja quando falamos de mulheres liderando e ensinando.
- Que tipos de limitações vocês perceberam em nossa igreja quanto ao uso de seus dons?
- Nós já manifestamos claramente nossa posição a respeito das mulheres líderes de uma forma que faça sentido para você?
- Os professores e comunicadores do sexo masculino daqui já disseram coisas que são menos inclusivas do que deveriam ser, ou às vezes ofensivas, mesmo que nossa intenção não fosse essa?
- Há mais alguma coisa importante que eu deva saber?

Se você fizer essas perguntas, sua próxima tarefa será ficar em silêncio e ouvir as respostas. Resista à tentação de colocar-se em posição de defesa ou envolver-se em discussão. Sua missão é trazer à tona as experiências dessas mulheres, para que tenha empatia com elas e possa avaliar com precisão o estado de sua realidade atual. Garanto que, se estiver disposto a dialogar com as mulheres em sua igreja, sua urgência a respeito do assunto relativo à função delas aumentará. Permita que elas saiam do esconderijo e tenham uma conversa franca com você; talvez se surpreenda e seu entusiasmo esfrie com o que ouvir e, em alguns casos, quem sabe se sinta encorajado. Mas nunca saberá se não perguntar. Assim que terminar a tarefa de ouvir, você terá grandes possibilidades de tornar-se um defensor das mulheres líderes de todas as maneiras que puder.

Seja o advogado mais inflexível que puder para defender a causa das mulheres abençoadas com dons de liderança e ensino

Não sei até onde seu estudo diligente e diálogo com as mulheres líderes o levará em termos da posição de sua igreja a respeito desse assunto. Mas, seja onde for, é bastante provável que você encontre muitas oportunidades de abrir as portas para as mulheres de modo que possam colaborar em funções de influência ou permitam passivamente que a situação continue como sempre esteve. Mesmo que sua igreja decida que não deve haver mulheres pastoras ou presbíteras, haverá ainda muitas oportunidades para elas liderarem em áreas vitais em sua igreja — e não estou falando exclusivamente de ministério para crianças ou mulheres.

Se você decidisse visitar sua igreja como alguém que nunca esteve lá, quantas mulheres veria ocupando funções importantes? Há mulheres que indicam lugares aos visitantes, mulheres que leem a Bíblia na plataforma, mulheres que colaboram de modo significativo para o culto e a parte artística, mulheres que dirigem a congregação em oração ou dão avisos importantes? Pense durante uma semana inteira na vida de sua igreja. Há funções em aberto para mulheres em termos de treinamento de discipulado, liderança estratégica nas várias missões de sua igreja e em ministérios nos quais elas possam ter voz ativa e organizar equipes eficientes?

A verdade é que, como homem e líder, você tem nas mãos a maioria das funções principais em sua igreja, para recrutar voluntários e acompanhar suas atividades e também controlar como as posições do quadro de funcionários são preenchidas. Quantas dessas funções são abertas igualmente para homens e mulheres? Há algumas que você poderia destinar a candidatas qualificadas? Além disso, olhe para a próxima geração de mulheres que está surgindo em sua igreja e pergunte a si mesmo, com objetividade, se você vê potencial em algumas delas para ser usado no futuro. As moças em sua comunidade percebem que há lugares onde poderiam pôr seus dons em prática ou estão pensando em migrar para o mundo corporativo ou acadêmico?

Há outra área na qual você também poderá advogar em favor das mulheres: a comunicação com o público. Se você ministra aulas em sua igreja, examine o conteúdo de seus avisos, mensagens e principalmente suas ilustrações pessoais. Com que frequência defende a dignidade e o valor das mulheres? Usa uma versão da Bíblia que especifica se o cargo é ocupado por homem ou mulher? Que tipos de histórias conta sobre as mulheres e como costuma descrevê-las? Com estereótipos ou humor sutil que poderiam ser ofensivos e desrespeitosos? Se você é casado com uma dona de casa em tempo integral, tome cuidado para não supor que a maioria de suas ouvintes esteja na mesma situação, nem defenda as escolhas de sua esposa como se fossem superiores às das mulheres que trabalham fora de casa (muitas diriam que não tiveram outra opção). Peça a uma mulher em sua igreja que trabalha no mundo corporativo que comente sua atuação quando você ministra aulas e como sua mensagem chega até ela. Force-a a ser sincera com você e aprenda com suas respostas. Quando ouço homens ministrando aulas em minha igreja e em congressos, lamento muitas vezes as ilustrações que eles usam e tenho certeza de que os oradores não se deram conta dos insultos ou ofensas que infligiram às mulheres. Preste muita atenção às suas palavras em todos os ambientes, principalmente no púlpito, porque suas palavras e opiniões são muito mais importantes do que imagina. Elas exercem grande influência no coração e na mente de homens e mulheres, meninos e meninas.

Sei que estou pedindo muitas coisas: que faça um estudo diligente, que dê prioridade máxima a esse assunto e que seja um defensor ferrenho das mulheres. Tudo isso custará tempo e provavelmente provocará críticas de alguns de seus auxiliares. É bem possível que muitos ficarão furiosos a ponto de deixar sua igreja, e você poderá ouvir palavras que o deixarão desconfortável. Portanto, a pergunta lógica que todos nós fazemos quando analisamos custos é: "Por quê?". Essa atitude valerá a pena ou trará problemas? Vou tentar responder à pergunta.

POR QUE ESSE ASSUNTO É TÃO IMPORTANTE

Quatro grupos de pessoas me vêm à mente quando fico imaginando por que você deve envolver-se totalmente nesse assunto e esforçar-se para promover uma mudança. Libertar as mulheres para liderar e ministrar aulas com grande influência e autoridade em sua igreja é extremamente importante para o bem de sua congregação, para o bem de sua comunidade, para o seu bem e de seus auxiliares e para o bem de suas filhas e de outras jovens que estão surgindo.

Para o bem de sua congregação

Uma igreja que se limita primordialmente aos dons de liderança e comunicação dos homens é perdedora em várias situações. As mulheres líderes oferecem uma perspectiva, uma voz, um mundo inteiro de experiência, que são essenciais *tanto aos homens como às mulheres* na congregação. A maioria das igrejas tem uma porcentagem maior de mulheres que de homens. E todas as igrejas teriam de fechar as portas amanhã se não houvesse mulheres para colaborar a semana inteira em ministérios de trabalhos contínuos. Quando limitamos as oportunidades de ouvir o que as mulheres têm a dizer, de tirar proveito de suas histórias, de ser guiados por sua sabedoria, de vê-las organizar equipes e descobrir dons, de deixá-las colaborar com sua criatividade, com seu pensamento estratégico, com sua tremenda capacidade de ouvir e com sua história de sucesso quanto à percepção emocional e relacional — bem, perdemos um caminhão lotado de benefícios. Por que haveríamos de querer isso? Uma congregação só se torna mais forte quando suas mulheres são capacitadas a fazer o máximo que podem.

Entristeço-me ao pensar em mulheres que conheço, as quais, tendo desistido de causar impacto na igreja, estão empregando seus dons especiais em outros contextos — empresas, organizações sem fins lucrativos, academias etc. Não deveria ser assim. Um número muito grande de mulheres já notou a realidade de não ter um lugar significativo para expressar seus dons de ministério; no entanto, elas têm capacidade para desenvolver estratégias, liderar, criar, administrar e ensinar em outros ambientes. Sua experiência profissional ou voluntariado durante a semana contrastam visivelmente com suas oportunidades limitadas na igreja nos fins de semana. Enquanto isso, a maioria das equipes das igrejas está sempre à procura de líderes qualificados para fazer diferença em cada área ministerial. O desprezo pela valiosa colaboração das mulheres, principalmente na área da liderança, significa uma perda enorme para o Reino.

As mulheres líderes oferecem uma perspectiva, uma voz, um mundo inteiro de experiência, que são essenciais tanto aos homens como às mulheres *na congregação.*

Na questão de ministrar aulas, sua igreja também necessita muito da colaboração das mulheres, mais do que a maioria dos homens líderes reconhece. Eu imaginava que as pessoas da igreja que mais precisavam ouvir as mulheres e ser dirigidas por elas eram as outras mulheres, mas agora vejo que não é assim. Os homens necessitam das mulheres para a formação completa de sua alma. Recentemente, eu estava na fila no restaurante lotado do Aeroporto O'Hare, pegando uma porção de salada antes de embarcar em um longo voo, uma vez que as empresas aéreas deixaram de fornecer alimentação a bordo. Um homem que eu não conhecia apresentou-se a mim como membro de nossa igreja. Depois de conversarmos por alguns minutos, ele fez uma pausa, olhou firme para mim e disse:

— Eu não poderia deixar de agradecer a rápida conversa que tivemos um ano atrás depois que você ministrou uma mensagem numa manhã de domingo. Talvez não lembre, mas causou um impacto enorme em mim naquele dia.

Senti-me constrangida por não me lembrar da conversa e desculpei-me.

Ele prosseguiu:

— Eu estava inseguro quanto ao momento de encontrar-me com Deus no céu e prestar contas de minha vida. Sabia que era um homem salvo, mas estava lutando com dúvidas a meu respeito e arrependimentos. Nossa conversa me redirecionou naquele dia. A senhora fez uma enorme diferença.

O funcionário atrás do balcão informou ao homem que seu suco de frutas estava pronto. Antes de ele se afastar, vi lágrimas em seus olhos. Alguma coisa muito poderosa acontecera em consequência de nossa conversa de um ano atrás, e aquele homem estava manifestando a simples gratidão a um de seus pastores e pastoras.

Em muitas ocasiões, mais do que consigo enumerar, os homens têm-me dito que gostaram muito de ouvir minha perspectiva ministrando aulas, de terem recebido palavras bondosas no momento em que os batizei, ou quando foram desafiados como marido ou pai depois de ouvirem as palavras de uma mulher. Os homens necessitam da oração, da bênção e da orientação das mulheres líderes tanto quanto necessitam da oração, da bênção e da orientação dos outros homens. Assim como Deus é descrito na Bíblia com palavras que definem características masculinas, há também ocasiões em que o caráter divino é descrito como se fosse distintamente feminino, até maternal (v. Isaías 66.13; Mateus 23.37; Salmos 91.4; Salmos 131.2). Todos nós necessitamos do amor paternal e maternal de Deus, e nossas congregações recebem esse maravilhoso dom por meio das vozes e da liderança tanto de homens como de mulheres.

Pastores e líderes, cada risco que assumirem para oferecer às mulheres a oportunidade de liderar e falar tem o poder de instruir de maneira mais completa as pessoas de sua igreja e o poder de ministrar a elas. Você está disposto a abrir caminho para isso? Garanto que, com o tempo, sua igreja estará muito mais saudável, mais robusta e mais equilibrada, repleta de pessoas que se assemelham a Jesus porque estão sendo dirigidas e instruídas por homens e mulheres que se submeteram a Deus.

Os homens necessitam da oração, da bênção e da orientação das mulheres líderes tanto quanto necessitam da oração, da bênção e da orientação dos outros homens.

Para o bem das pessoas em sua comunidade que não frequentam igreja

Além das outras opiniões que as pessoas em sua comunidade têm acerca de sua igreja, elas devem querer saber qual é o papel das mulheres e o que você pensa a respeito das mulheres líderes. Esse assunto é um dos pontos críticos citados pelo pastor e autor Dan Kimball quando ele dialoga com jovens e descobre as principais barreiras que os impedem de entrar em uma igreja e, mais importante ainda, de abraçar a fé cristã. Em seu livro excelente e provocativo *They Like Jesus but Not the Church* [Eles gostam de Jesus, mas não da igreja], Dan escreve:

> Quando as pessoas de fora da igreja olham para nós, muitas imaginam que somos uma espécie de Clube do Bolinha e concluem que a igreja ensina que as mulheres não são tão valorizadas e respeitadas quanto os homens. Essa conclusão afasta muitas pessoas que, de outra forma, poderiam confiar na igreja a ponto de participar da comunidade conosco.[18]

[18] Grand Rapids: Zondervan, 2007, p. 115.

Quando as pessoas afastadas de Deus olham para a política, para a área corporativa, para as instituições acadêmicas e para a área do entretenimento, elas veem mulheres de força e talento exercendo influência cada vez maior. A subcultura total da igreja se apresenta antiquada e fora do alcance daquilo que muitas dessas pessoas consideram verdadeiro a respeito do potencial, das habilidades e das oportunidades necessárias para as mulheres. Será que os visitantes sentem como se tivessem entrado no túnel do tempo quando assistem a seus cultos e examinam a escalação dos líderes? Será que coçam a cabeça diante da ausência de mulheres líderes com personalidade marcante?

O que estamos dizendo a nossas comunidades acerca do valor e lugar das mulheres e, em particular, o que estamos comunicando à próxima geração, que se compõe de defensores apaixonados de oportunidades iguais para todos, independentemente de cor da pele, condição socioeconômica e sexo? Mesmo que sua igreja esteja localizada em um lugar razoavelmente conservador acerca das mulheres em determinados cargos de liderança, ainda há maneiras significativas nas quais você poderá defender o valor das mulheres e abrir o maior espaço possível para que elas exerçam influência. Se temos a esperança de sermos considerados comunidades abertas à próxima geração e estamos buscando sua participação, precisamos prestar atenção à questão das mulheres em cargos de liderança. Caso contrário, muitos simplesmente nos riscarão do mapa e se afastarão.

Para o seu bem e de seus auxiliares

Muitos homens em cargos de liderança já conhecem a contribuição que as mulheres líderes podem oferecer, mas outros ainda não tomaram a iniciativa de convidá-las a sentar-se à mesa. Talvez você esteja acostumado a reunir-se regularmente com um grupo de homens, sem preocupar-se em incluir mulheres em seus relacionamentos e tomadas de decisões. Isso parece confortável e — se você estiver disposto a admitir a ideia — *é assim que deve ser.*

Se você não tiver nenhuma mulher nos ministérios de sua igreja, creio que está perdendo várias maneiras significativas de enriquecer e aperfeiçoar sua própria liderança. As mulheres líderes eficientes poderão colaborar com você ao trazerem perspectivas, intuições, criatividade, capacidade de comunicação e instintos para a inteligência emocional. Evidentemente, muitos homens líderes também possuem essas qualidades, mas as mulheres darão uma dimensão à sua equipe que poderá representar mais plenamente sua congregação, sua comunidade e a imagem de Deus. Sua equipe será mais saudável e, garanto, mais eficiente.

Em seu livro *See Jane Lead*, a doutora Lois P. Frankel argumenta que as mulheres se sobressaem nas características mais comuns a uma liderança bem-sucedida, tendo até mesmo capacidades para:

- Estabelecer metas, alinhar pessoas na realização delas e desenvolver um plano para executá-las.
- Comunicar-se de modo que inspire confiança e credibilidade.
- Motivar os seguidores a manter os esforços necessários à realização dos objetivos organizacionais.
- Formar equipes capazes de compreender e valorizar a interdependência e a sinergia.
- Revelar inteligência emocional.
- Correr alguns riscos que tragam benefícios à empresa.
- Desenvolver uma forte rede de relações (*network*) que dê apoio à execução de metas e ao sucesso profissional.[19]

A doutora Frankel afirma:

> Um exame mais atento dessa lista revela que as qualidades nela contidas são idênticas aos comportamentos que as mulheres apresentam graças a seu maternal, dedicado e conciliador papel social. [...] A sobrevivência das mulheres sempre dependeu dos comportamentos dos quais nossa sociedade tanto precisa nos dias de hoje.[20]

---

[19] New York: Warner Business, 2007, p. 20 [**Mulheres lideram melhor que homens**. São Paulo: Gente, 2007].

[20] Id., ibid., p. 20.

Sentadas nos bancos de sua igreja nas manhãs de domingo estão algumas mulheres extraordinárias, mulheres que lideram com eficiência em outras áreas durante a semana inteira, mulheres que poderiam estar fazendo uma enorme diferença na vida, direção e cultura de sua igreja. Alguns dos desafios enormes que sua igreja enfrenta hoje requerem a colaboração dessas mulheres líderes, mas a maioria delas não se apresentará nem oferecerá seus serviços se imaginar que não é bem-vinda. Dependendo do que observarem em sua igreja, elas poderão decidir que é melhor recuar e permanecer na sombra.

Se você já convidou mulheres líderes para se sentarem à mesa, sabe que elas também podem contribuir de maneira grandiosa para a alegria, vitalidade e saúde emocional de seus assistentes e das equipes de voluntários. A maioria dos homens líderes que conheço ao redor do mundo, e que correu riscos, admite que alguns de seus líderes mais fortes são mulheres e que essas mulheres ofereceram conselhos extremamente sábios em momentos críticos na vida deles e na vida de suas igrejas. Seja isso resultado da genética, seja de como elas aprenderam a adaptar-se à cultura, as mulheres em geral — nem sempre — têm uma excelente capacidade para entender um ambiente, recorrer a seus instintos quando se trata de comportamento humano e organizar uma equipe de pessoas sinceras entre si e que se apoiam mutuamente. Você precisa da presença delas mais do que imagina.

Sim, há riscos relacionados a convidar mulheres para participarem de seu círculo fechado, incluindo o medo de colocar a si mesmo e também os outros líderes do sexo masculino em um lugar de tentação, ultrapassando os limites, aproximando-se demais dessas mulheres, tanto do ponto de vista emocional quanto físico. Os homens e as mulheres que trabalham juntos na igreja caem no pecado do sexo, não importa se as mulheres exercem cargos de liderança ou não. Em vez de fugir dos problemas, insisto em que você crie uma cultura na qual possa explicar abertamente como um deverá tratar o outro, o que fazer se houver uma atração indesejada por alguém da equipe, como andar no Espírito e como investir em relacionamentos confiáveis com aqueles que farão perguntas difíceis e os ajudarão a se manterem puros. Isso *pode* ser feito, e o preço valerá a pena.

Na primeira vez em que uma mulher se sentar à sua mesa de liderança ou ministrar aulas no púlpito para sua igreja, poderá haver um pouco de constrangimento. Mas você poderá preparar a equipe e sua congregação para essa transição, se for persuasivo e prudente. Quando incluir uma mulher em sua equipe de liderança ou no grupo de presbíteros pela primeira vez, siga em frente, reconheça a presença de algo incômodo para todos na sala — não há sentido em fingir que não está havendo alguma coisa nova e diferente — e permita que a equipe desabafe até o ponto de sentir-se despreocupada com a situação.

Na questão do púlpito, apresente aos poucos, no decorrer do tempo, a mulher que vai ministrar aulas, primeiro com oportunidades rápidas para dar avisos, conduzir uma oração ou fazer comentários introdutórios. Deixe que a congregação se acostume com a ideia dessa nova comunicadora e espere que haja um vínculo forte entre ela e a congregação. Antes de chegar a esse ponto, tenha certeza de que escolheu com muito cuidado esse novo membro da equipe ou a mulher que ministrará aulas no púlpito. Em seguida, dê-lhe o apoio necessário de todas as maneiras que puder, porque a equipe de assessores e a congregação estão aguardando um sinal de sua parte. Deixe que todos saibam, em todas as oportunidades possíveis, que você está defendendo essa mulher líder ou professora, que tem muita confiança nela e que espera que todos a tratem com respeito.

Sei que isso parece muito trabalhoso e inclui muitos riscos. Aqueles que convidam mulheres para fazer parte de suas equipes e comunicam isso à sua congregação vão, um dia, olhar para trás e ficar imaginando como a vida era antes da chegada das mulheres para ocupar funções importantes. Tenha coragem suficiente para tomar essas decisões — para o seu bem e o bem de sua igreja.

Para o bem de suas filhas e da próxima geração

Está bem, talvez você não tenha filhas. Ainda assim, tem filhas em certo sentido, porque é um líder na vida das jovens que estão crescendo em sua igreja e comunidade. As decisões que toma em relação às mulheres em cargos de liderança e seu empenho em tornar-se uma força para mudança e um conduíte para receber a colaboração delas terão um efeito cascata nas próximas gerações. As meninas crescerão acreditando que existe um lugar para elas na vida da igreja ou perceberão rapidamente que as portas estão fechadas.

Alguns anos atrás, o pastor de uma igreja na Califórnia contou-me sobre seus problemas com as mulheres em cargos de liderança. Criado no Meio-Oeste, ele frequentou uma igreja e uma denominação muito conservadoras. Nunca viu uma mulher exercer cargo importante na igreja nem na equipe de liderança estratégica. Achava que isso era normal, bíblico e certo, até o dia em que teve filhas.

As decisões que você toma em relação às mulheres em cargos de liderança terão um efeito cascata nas próximas gerações.

Então, meu amigo pastor me contou, ele começou a questionar sua formação e crenças, principalmente quando suas duas filhas cresceram exibindo dons inegáveis de liderança e talentos para comunicação. O que ele lhes diria sobre a possibilidade de servirem na igreja local e até mesmo na igreja que ele liderava? Tudo isso confundiu-lhe a mente, até o dia em que se dispôs a fazer um estudo minucioso e abrir caminho para uma transformação lenta em uma denominação que parecia prestes a mudar seus pontos de vista tradicionais.

A próxima geração de mulheres necessita muito de homens líderes que sejam uma força corajosa de transformação. A maior parte do poder nas igrejas ao redor do mundo encontra-se nas mãos dos homens. A menos que (e até que) alguns se disponham a rever opiniões preconcebidas e a sacudir alguns alicerces, não haverá nenhuma mudança fundamental; e um número cada vez maior de jovens dedicadas a Jesus Cristo não terá interesse em colaborar na igreja, ou se afastará, preferindo investir seus talentos, instintos e paixão no mundo corporativo ou em outras áreas. O Reino não poderá contar com o grande potencial dessas jovens.

Enquanto termino esta carta, estou sentada no elegante saguão de um dos hotéis mais luxuosos dos Estados Unidos, aproveitando algumas horas das férias de nossa família para cumprir um prazo de entrega, enquanto todos ainda dormem. Estamos hospedados em um chalé emprestado, no outro lado da rua. De vez em quando, damos uma espiada pelo lado de fora dos portões da exuberante piscina do hotel e esticamos o pescoço para ver se alguma celebridade está passando bronzeador no corpo, porque vimos fotografias deste lugar na revista *People*. Um pastor amigo meu sugeriu que eu poderia levar meu *laptop* comigo e escrever no saguão do hotel, mas, enquanto estou sentada aqui, não tenho muita certeza disso. A grande variedade de flores naturais que enfeitam o local, as mesas de madeira maciça brilhante, os móveis estofados com muito requinte, a lareira acesa (embora os termômetros estejam marcando 30°C lá fora) e, acima de tudo, os seguranças do hotel, com minúsculos fones de ouvido pretos, olhando firmemente para mim, tudo isso me faz sentir que não pertenço a este lugar. A qualquer momento, alguém de terno preto se aproximará de mim e me perguntará como tive a audácia de respirar o mesmo ar que eles, já que a diária dos quartos luxuosos daqui é de US$ 800.

Houve ocasiões nas últimas três décadas em que tive a mesma sensação em minha igreja. Sim, somos mais igualitários que a maioria das igrejas quando se trata de nossa posição e prática de colocar mulheres em cargos importantes de liderança. Mas, como primeira mulher na equipe de administração e primeira mulher pastora/professora, houve momentos em que me perguntei se pertencia realmente àquele lugar, se eu considerava correto e adequado ocupar um lugar à mesa, se aquilo que às vezes parecia ser um clube exclusivamente masculino abriria espaço para algumas mulheres. O que me tem ajudado a não desistir, em primeiro lugar e acima de tudo, são os sussurros audíveis do Espírito Santo exortando-me a perseverar e a exercer a função para a qual fui chamada. Mas o outro motivo que me fez continuar até hoje na liderança da igreja só pode ser atribuído aos homens valorosos que me convidaram para participar de suas equipes e me fizeram sentir que minha colaboração era bem-vinda, importante, e que ela certamente cresceria e prosperaria. Tenho uma dívida enorme de gratidão para com eles porque lhes teria sido muito mais fácil seguir o caminho mais comum e impedir minha entrada, bem como a entrada de outras mulheres depois de mim.

Você tem uma escolha a fazer. Poderá deixar o assunto de lado, na esperança de que seja esquecido depois de algum tempo, e continuar a concentrar-se em todos os outros grandes problemas de sua igreja. Ou poderá continuar a ouvir, aprender e dispor-se a ser um agente para mudar a situação. Além de ouvir, você poderia ler o restante deste livro para tentar compreender a experiência mais ampla das mulheres que desejam usar seus dons de liderança na igreja. Leve uma mulher líder de personalidade marcante ou um grupo de mulheres líderes para almoçar e dê a elas a liberdade de compartilhar com você quais são suas preocupações e interesses. Analise a situação e peça ao Espírito Santo que mostre onde sua igreja poderia progredir.

Sem necessidade de me desculpar, eu o exorto a ser intrépido, corajoso e diligente para o bem de sua igreja e seu futuro impacto, para o bem de sua alma e de seus assistentes e para o bem de todas as mulheres que permanecem à margem, perguntando a si mesmas se há um lugar para elas, e têm um potencial extraordinário para levantar voo. Estamos contando com você.

8

ENVOLVENDO-SE COM SUA TRIBO

A tela em branco do computador olhava firme para mim, desafiando meus esforços para pensar na mensagem que eu tentava escrever enquanto estava sentada em minha cafeteria preferida. Era uma manhã linda e ensolarada em Chicago, com baixa umidade e temperatura agradável, convidando-me a sentar na área externa.

Infelizmente, é impossível ler a tela do computador sob a luz forte do sol, por isso fui forçada a permanecer na área interna. Alguns momentos depois, um grupo de mulheres sentou-se com suas xícaras de leite e café em uma das mesas da área externa. Reconheci várias delas. Depois de observar por uns momentos a interação daquelas mulheres, entendi que estavam fazendo uma espécie de reunião, talvez planejando um evento escolar, uma vez que todas eram mães de crianças mais ou menos da mesma idade, e pelo jeito estavam distribuindo tarefas enquanto conversavam.

Aquelas mulheres pareciam estar muito unidas, descontraídas, cheias de alegria, logo de manhã, às 9 horas. Lutei contra sentimentos de inveja, visualizando como seria o resto do dia delas — imaginei que fossem donas de casa que fazem compras, criam um ambiente perfeito para o lar e um delicioso jantar para a família, têm tempo para trabalhar como voluntárias na escola, até mesmo para exercitar-se na academia antes de ir a uma manicure. Comecei a fazer um jogo de comparações no qual as mulheres se envolvem algumas vezes e meditei em minhas escolhas como mãe que trabalha fora meio período, cuja casa está sempre à beira do caos, que raramente dedica tempo às escolas das filhas e cuja família sempre pergunta: "O que há para o jantar?" com um pouco de trepidação na voz e visível falta de entusiasmo.

Aquela manhã na cafeteria provocou sentimentos em mim com os quais admito estar lutando aqui e ali há muitos anos, sentimentos sobre minhas escolhas e as escolhas de outras mulheres que respeito e admiro. Muito tem sido escrito nas duas últimas décadas acerca da *guerra das mães*, uma tendência de julgamento e hostilidade entre as mães, que provoca discussões entre aquelas que decidiram permanecer o dia todo em casa e aquelas que decidiram trabalhar fora. Gostaria de dizer que não há guerra das mães no ministério, que a igreja é um lugar onde existe menos divisão para as mulheres com dons de liderança quando elas interagem com outras mulheres, mas, lamentavelmente, essa não tem sido a minha experiência nem o panorama descrito por outras pessoas. Assim como as adolescentes podem ser *garotas cruéis*, as adultas podem transformar-se em *mulheres cruéis* que, de maneira sutil, ou não muito sutil, desestabilizam, julgam e criticam as escolhas das outras mulheres ao lado das quais prestam culto a Deus nas manhãs de domingo. Nós, as líderes na igreja, precisamos ter o máximo de cuidado para não colaborar com a divisão provocada pela guerra das mães. Ao contrário, precisamos ter a intenção de nos envolver em nosso círculo — nossa tribo — de amigas e depois virar na direção oposta e investir nas jovens que vêm atrás de nós.

BASTA DE GUERRA DAS MÃES

Nunca houve tantas opções como agora para as mulheres, em termos de casamento, controle de natalidade, assistência aos filhos e emprego. Há múltiplos cenários para as mulheres escolherem, e todas as mulheres promovem uma variedade de mudanças e fazem escolhas enquanto atravessam as novas estações da vida e defrontam-se com novas realidades. A maioria das mães solteiras, por exemplo, provavelmente não sonhou ter a vida que está vivendo no momento e, mesmo assim, atravessa corajosamente os desafios de criar os filhos sozinha, ou pelo menos sem um pai dentro de casa. Todas nós conhecemos mulheres que decidiram cuidar dos filhos em tempo integral e, depois, tiveram de adaptar-se aos anos do ninho vazio. Algumas mulheres adultas são solteiras e felizes, ao passo que outras ainda esperam que o casamento faça parte de sua história. E, se todas essas opções e estilos de vida existem, por que é tão difícil aprendermos a aceitar e defender as escolhas das outras mulheres sem ter um espírito julgador e mesquinho, às vezes demonstrado de maneira aberta, outras vezes de maneira encoberta ou visivelmente maldosa?

Assim como as adolescentes podem ser garotas cruéis, *as adultas podem transformar-se em* mulheres cruéis *que, de maneira sutil, ou não muito sutil, desestabilizam, julgam e criticam as escolhas das outras mulheres ao lado das quais prestam culto a Deus nas manhãs de domingo.*

Penso que a mentalidade de guerra das mães se origina fundamentalmente de uma insegurança de raízes profundas que leva aos pecados da inveja e cobiça. A definição de inveja é "estar descontente por querer para si aquilo que é dos outros; atitude maldosa". Cobiçar é basicamente sinônimo de invejar. Invejamos porque existe uma diferença entre quem somos e quem achamos que deveríamos ser ou quem os outros insistem em que deveríamos ser.

Nossa cultura é obsessiva por comparações. Em seu livro excelente *The Snow White Syndrome* [A síndrome da Branca de Neve], Betsy Cohen escreve que "encorajamos todas as pessoas a ganhar mais dinheiro, ter aparência melhor, agir melhor, aprender mais, ter mais. Nossa sociedade cria comparação inevitável e descontentamento inevitável".[21] Deus trata com tanta seriedade o problema da inveja que especificou a cobiça nos Dez Mandamentos (v. Êxodo 20.17). E a carta de Tiago afirma com todas as letras que "onde há inveja e ambição egoísta, aí há confusão e toda espécie de males" (3.16).

De onde vem a inveja, e o que podemos fazer para combater esse monstro de olhos verdes? Robert Bringle, professor da

[21] New York: Macmillan, 1986, p. 41.

Universidade Purdue, ressalta que "cobiçamos com mais intensidade as áreas importantes para nosso critério de autovalorização". Em outras palavras, cada um de nós é muito suscetível à inveja nas áreas nas quais nos sentimos mais vulneráveis ou fracos. As mulheres líderes que não estão em paz com sua identidade nem confiantes com as escolhas que fizeram duvidam de si mesmas a ponto de humilhar outras pessoas, só para exaltar o próprio valor. Quero fazer uma pergunta: em que áreas você se sente mais propensa a invejar outras mulheres? Quando respondemos a essa pergunta, somos capazes de discernir as áreas em que nos sentimos mais inseguras.

Quando me faço essa pergunta, a resposta surge rapidamente. A área mais frágil de minha autoestima centraliza-se nos afazeres domésticos: cozinha, jardinagem, decoração da casa etc. Sou, portanto, mais propensa a ter inveja das mulheres a quem chamo de *Martha Stewart* ou *Rachael Ray*. (Minha mãe presenteou-me com uma placa para minha cozinha com estes dizeres: "Martha Stewart não mora aqui!".) Essas mulheres são exímias donas de casa: idealizam e costuram as cortinas, confeccionam velas de enfeite, preparam sem nenhum esforço receitas extraídas das mais famosas revistas de culinária — você deve conhecer. Tenho algumas amigas desse tipo, e aí meu irmão casou-se com uma Martha Stewart! Além de estar sempre com ótima aparência, Tami cuida com muito amor de quatro filhos, tem uma casa maravilhosa, digna de ser mostrada em revistas de decoração, costura roupas para os filhos se apresentarem em teatrinhos infantis e cozinha divinamente! Tami é uma mulher temente a Deus, carinhosa, generosa, divertida, bonita — em resumo, ela me deixava irritada! Notei que, quando meu irmão Chip casou-se com Tami, fiquei um pouco deprimida depois de visitar a casa deles. Ao ver Tami pôr seus talentos em ação, lembrei-me de minha falta de jeito e fracasso na esfera doméstica. Lançava mão de brincadeiras ou sarcasmo para mascarar o pecado da inveja em meu coração.

Um exame minucioso de nossas reações quando encontramos mulheres que fizeram escolhas diferentes pode revelar se estamos lutando contra a cobiça e a insegurança. Estas são algumas perguntas para nossa reflexão:

- Você tem a tendência de menosprezar as realizações, os talentos ou a aparência de outras mulheres?
- Fica secretamente aborrecida quando outra mulher progride no campo profissional ou social? Como você reage diante do sucesso dela?
- Sente desejo de falar mal ou sabotar uma pessoa que aparenta ser superior a você?
- Fica secretamente satisfeita quando uma colega ou amiga sofre um revés?
- Faz julgamentos ou suposições acerca das escolhas de outras mulheres líderes, principalmente as que são mães?
- Gasta muito tempo comparando-se com outras mulheres nos aspectos físicos, intelectuais, espirituais e profissionais?

A inveja é um pecado incômodo porque é mesquinha e infiltra-se com tal sutileza que, em geral, não percebemos sua presença até o dia em que se transforma em amargura cozida em fogo lento. Lemos em Provérbios: "O rancor é cruel e a fúria é destruidora, mas quem consegue suportar a inveja?" (27.4). A inveja no coração das mulheres líderes preocupa-me muito porque consome grande parte de nosso tempo, rouba-nos a intensa alegria que representa uma característica exclusivamente nossa e destrói a possibilidade de um convívio autêntico e estimulante. A cobiça cria distância entre nós e Deus, e entre nós e os outros. Quando sou invejosa, não posso ser verdadeiramente agradecida ou produtiva porque estou muito ocupada sentindo que me falta alguma coisa. Então, o que podemos fazer para nos livrar desse pecado injurioso e que nos rouba a alegria de viver? Para nos livrar da inveja, precisamos sair do esconderijo, redirecionar os pensamentos e a energia e acreditar no melhor que existe nas outras mulheres.

SAIA DO ESCONDERIJO

Para lidar com a inveja, precisamos chamá-la pelo nome e admitir nosso pecado. A doutora Joyce Brothers diz que "envergonhamo-nos tanto dos sentimentos de inveja que raramente os trazemos à luz do dia para dar uma boa olhada neles".[22] A inveja tem muitos disfarces. Se você costuma ver os erros das outras pessoas, se sente falta de alegria e contentamento, se não se regozija com os que se regozijam, examine seu coração com muito cuidado. Se o que realmente existe dentro dele for inveja, admita essa verdade, antes de tudo a Deus. Diga em voz alta ou escreva: "Sou invejosa". Quando admitimos a inveja, encontramos força para passar da confissão à transformação. Em geral, é recomendável admitir a inveja a outra pessoa, talvez à própria pessoa que invejamos.

A certa altura da vida, decidi admitir a inveja que sentia de Tami e ter uma conversa com ela sobre o assunto. Ao tomar aquela atitude, senti-me incrivelmente livre. Conforme acontece quando as mulheres revelam sua inveja umas às outras, descobri que há vários atributos meus que Tami admira e não possui, como falar em público. Ela foi muito simpática ao me contar que seus dons e paixão pelos afazeres domésticos vêm desde a infância e afloraram com tanta naturalidade e facilidade que ela não os considera muito importantes (conforme ocorre com qualquer outro dom). Um grande peso foi tirado dos meus ombros quando admiti minha inveja, e agora vou à casa de Tami sem me sentir deprimida ou incompetente, porque estou livre para comemorar a maravilha de quem ela é e não me concentrar muito em quem eu não sou. Hesitei um pouco, sim, no ano em que fomos convidados para a ceia de Natal e vi como Tami marcou nossos lugares à mesa. Eu me acho o máximo quando uso um retângulo de cartolina para indicar onde as pessoas devem sentar-se, portanto é fácil imaginar que meus conhecimentos nessa área deixam a desejar. Naquele dia, Tami arrumou a mesa de maneira muito elegante. Colocou nossos nomes em cima de cada prato,

[22] Apud COHEN, Betsy. **The Snow White Syndrome**. New York: Macmillan, 1986, p. 17.

escritos em pão de gengibre — além de ser uma decoração muito bonita, era *comestível*! Isso quase chegou a me irritar, mas mantive o controle. Viver em constante estado de inveja é prejudicial para nossa alma e destrói a possibilidade de convívio e alegria.

Se alguma de minhas palavras sobre a inveja trouxe a você sentimentos de culpa, tome a iniciativa, por favor, de deixar o livro de lado e examinar seu coração e mente à procura de vestígios de inveja. Se não colocarmos nossa escuridão sob a luz do dia, não poderemos ter esperança de ser curadas e libertas. Pergunte a si mesma, com total clareza, quem você inveja, de que mulheres costuma guardar rancor e vá até o fim para descobrir as inseguranças que existem na raiz dessa inveja. Você sentirá mais alegria e gratidão, e seus relacionamentos serão mais autênticos quando arrancar esse pecado sutil e injurioso de sua alma e confessá-lo a seu Criador.

REDIRECIONE SEUS PENSAMENTOS E ENERGIA

Há necessidade de disciplina mental e muita força de vontade para deixarmos de fazer comparações prejudiciais e improdutivas. Eleanor Roosevelt disse certa vez: "Ninguém pode fazer você sentir-se inferior sem seu consentimento".[23] Exercite-se para não enxergar as pessoas de acordo com seu grau de hierarquia e lembre-se de que diferente significa diferente, não necessariamente melhor ou pior. Os líderes como eu que lutam contra o perfeccionismo precisam aceitar esta verdade: ninguém é bom em tudo. Em vez de mergulhar em círculos infinitos de comparação, preciso aceitar a essência de minhas forças e procurar aperfeiçoar as áreas de fraqueza que encontrar. Deixar a inveja para trás é um estímulo tremendo para a mudança e um ótimo investimento de nossa energia.

Por exemplo, se você costuma invejar uma mulher que aparenta ter uma vida dedicada à oração, aplique suas energias no sentido de saber de que forma ela desenvolveu essa disciplina espiritual. Se achar necessário, peça-lhe orientação e ideias para ajudá-la a

[23] Apud COHEN, Betsy. **The Snow White Syndrome**. New York: Macmillan, 1986, p. 234.

desenvolver-se nessa área. A maioria de nós pode aperfeiçoar-se em várias áreas, mas, se aquilo que você inveja for inatingível — por exemplo, nem todas as lições de canto no mundo serão capazes de fazer de mim uma cantora —, esforce-se para aceitar a si mesma. Não tenho de ser eficiente em tudo e posso aprender a aplaudir os maravilhosos dons musicais de outras pessoas.

O processo de redirecionamento exige que eu me apegue com firmeza à minha forma única de ser e sinta paz quanto a minhas escolhas. Existem prós e contras em qualquer escolha de estilo de vida que as mulheres fazem, e nenhuma delas descreveria a própria vida como se fosse uma felicidade constante ou 100% alegre e gratificante. Quando sou tentada a invejar minhas amigas que não têm filhos para cuidar em casa porque levam uma vida aparentemente menos agitada e encontram tempo para ficar a sós e descansar, eu me lembro dos motivos por que Warren e eu decidimos ser pais e das alegrias dessa decisão. Nenhuma de nós pode ter tudo o tempo todo! Não quero mais perder tempo e energia no jogo das comparações. Prefiro muito mais concentrar-me em viver o *melhor* que puder porque tenho apenas uma vida; não haverá ninguém exatamente igual a mim neste planeta, e aguardo ansiosamente o momento de ouvir Deus me dizer que fui bem-sucedida naquilo que ele me confiou. Nessa hora, no céu, o Senhor não fará comparações entre nós — teremos apenas de prestar contas de como investimos o que recebemos. Isso nos liberta e nos faz refletir.

ACREDITE NO MELHOR

A terceira maneira essencial pela qual nos livramos da inveja é praticar a arte de acreditar no melhor que existe nas outras mulheres. Vejam o que decidi pensar sobre as outras mulheres e suas escolhas:

"Não conheço a história inteira."

"Cada mulher está tentando fazer o melhor que pode."

Esse tipo de pensamento é especialmente útil para as mulheres líderes que são mães e têm a tendência de julgar e avaliar outras mulheres líderes que também são mães, porque essa é a área na qual existe muita inveja e julgamento. Cada mãe tem uma história: o que se passa em sua casa no que se refere à função, se é que existe, exercida pelo pai; a situação financeira; a saúde dos membros da família; as necessidades de cada filho; e a ajuda recebida da família agregada. Cada mãe trabalha sob condições únicas e altamente específicas e faz o melhor que pode para a família. As mães que optaram por trabalhar fora, tanto quanto as mães que permanecem o dia todo em casa, amam os filhos e precisam trabalhar por uma série de motivos. Não devo nem é da minha conta avaliar essas escolhas e, quando me sinto tentada a julgar, preciso perguntar a mim mesma o que me leva a ter pensamentos tão nocivos. Estou tentando defender minhas escolhas? Estou repreendendo aquela mulher em minha mente por achá-la arrogante? Que tal se eu decidisse acreditar no melhor acerca das intenções daquela mulher e de seu comprometimento com Cristo, com sua família e com a igreja?

Creio que podemos prosperar no relacionamento profundo e estimulante umas com as outras se todas estivermos dispostas a abandonar nossas sutis, mas mortais facas de inveja e julgamento e deixar de lado a necessidade de estabelecer padrões ou parâmetros do que cada mulher deveria fazer. Precisamos simplesmente *parar com essa loucura* e aplaudir o fato de que há muitas opções, muitas histórias maravilhosas e singulares, muitas maneiras para as mulheres de hoje viverem a vida da melhor forma possível e prestar colaboração à família, aos amigos, às igrejas e ao mundo. Você está convidada a participar comigo do desfile dessas mulheres que louvam a Deus pela diversidade existente entre nós e que estão muito mais dispostas a defender e apoiar umas às outras do que humilhar umas às outras. Gostaria de fazer parte desse tipo de revolução?

Quando saímos do esconderijo e paramos de dissimular a inveja, quando redirecionamos nossos pensamentos e energia além do ciclo implacável da comparação e quando decidimos acreditar no melhor acerca das outras mulheres, temos a chance real de ser vitoriosas — e todas nós podemos ser vitoriosas. Ser mulher líder na igreja é uma tarefa árdua, e será muito pior se não confiarmos em nossas irmãs em Cristo e humilharmos essas mulheres que poderiam proporcionar-nos compreensão, apoio, refúgio, desafios e encorajamento. É por isso que acredito que precisamos formar uma tribo e nos envolver nela.

A NECESSIDADE DE UMA TRIBO

Poucas conversas me entristecem mais do que aquelas que tenho com mulheres líderes que se sentem terrivelmente isoladas quando tentam investir seus dons na igreja. Se estou falando com essa mulher por telefone, tenho o desejo imenso de transportar-me imediatamente à presença dela, tomar uma xícara de chá com ela e abraçá-la. Nenhuma de nós foi feita para enfrentar os desafios do ministério sozinha, e, embora a maioria dos líderes esteja cercada de muitas pessoas, as mulheres líderes quase sempre carecem dessas irmãs de alma com quem poderiam falar abertamente de suas frustrações, fazer perguntas e lutar com os desafios ímpares que surgem em qualquer igreja.

Muitas mulheres têm a tendência de cuidar dos outros antes de atender às necessidades pessoais, por isso nem todas as mulheres líderes se dão ao luxo de gastar tempo na formação e organização de uma tribo só de mulheres. Em seu livro inspirador *Nice Girls Don't Change the World* [Mulheres boazinhas não mudam o mundo], Lynne Hybels declara que a melhor coisa que ela já fez foi

> [...] sair do isolamento na ponta dos pés e associar-me ao círculo de mulheres. [...] Quando fazemos isso, quando ajudamos umas às outras, animamos umas às outras e convidamos umas às outras para conhecer nosso mais verdadeiro e sublime "eu", nós nos tornamos uma força poderosa para o bem — para Deus — neste mundo.[24]

[24] Grand Rapids: Zondervan, 2005, p. 86.

Duvido que eu teria ido tão longe no ministério sem as mulheres de minha tribo. Recentemente, tive uma rara e extraordinária experiência com vários membros de minha tribo para comemorar o aniversário de um acontecimento muito importante (não vou dizer qual é!). Meu marido deu-me a oportunidade de convidar as principais mulheres de minha vida para passarmos um fim de semana juntas em um condomínio na Flórida. Passamos um tempo mágico rindo ao lado da piscina, com pilhas de revistas e refrigerantes *diet*, visitando as lojas do local, saboreando refeições deliciosas juntas e andando a esmo. Sempre acalentei a fantasia de que determinadas amigas minhas adorariam conhecer outras amigas minhas (de outro estado) e se dariam bem com elas, se conseguíssemos reunir-nos. O sonho transformou-se em realidade! Minhas amigas gostaram umas das outras, e tive o privilégio de alegrar-me ao vê-las interagindo.

Na última manhã que passamos juntas, olhei ao redor da sala para os olhos carinhosos daquelas mulheres. Deus as tem usado para atender a várias necessidades em minha vida, para apoiar-me de muitas maneiras. Vi Polly, minha amiga de infância mais antiga, com quem tenho compartilhado todos os tipos de perdas e vitórias, sabendo sempre que ela me conhece tanto ou melhor do que qualquer outra pessoa, porque sabe de onde vim e caminhou comigo o tempo todo. Vi Lynn e Karla, minhas "amigas mães". Não sou capaz de imaginar como teria lidado com os desafios do dia a dia sem elas. Vi Suze e Caron, duas mulheres líderes em suas igrejas, que me ouvem com atenção e me presenteiam com seus dons incríveis de objetividade, sabedoria, riso e esperança. Elas sempre me lembram de que não sou louca e me amam mais do que mereço. Pensei nas amigas que não puderam estar conosco naquele fim de semana — Corinne, Sue e Nancy O. — e fiz uma oração de gratidão por elas. "Deus, sou uma mulher rica, porque me tens abençoado com amigas incríveis que contribuem de maneira incomensurável para minha vida. Obrigada de todo o coração". Se você sentiu inveja ao ler sobre as amigas em minha tribo, redirecione sua energia e pense em sua situação. Se não tem uma tribo, comece a procurar candidatas. Há algumas mulheres nas quais você confia o suficiente para começar a formar uma amizade mais íntima, dentro ou fora de sua igreja? É bem possível que você necessite de amigas de ambos os tipos, porque às vezes não pode revelar suas preocupações às que pertencem à sua igreja. Para começar, tome um café da manhã ou almoce com uma dessas mulheres e veja se gostou dela e vice-versa. Talvez precisem estar juntas algumas vezes antes de você saber se essa é uma amizade com potencial para valer a pena para ambos os lados e investir nela seu tempo e sua energia.

Assim como as adolescentes podem ser garotas cruéis, *as adultas podem transformar-se em* mulheres cruéis *que, de maneira sutil, ou não muito sutil, desestabilizam, julgam e criticam as escolhas das outras mulheres ao lado das quais prestam culto a Deus nas manhãs de domingo.*

Saiba, porém, que é necessário tempo para formar uma tribo. As amizades precisam ser cultivadas, nutridas e receber muita atenção. Não podemos formar uma tribo de um dia para o outro, por mais que queiramos. Aprendi desde cedo no ministério que o tempo com as amigas teria um custo para mim, mas as compensações valeriam mais que o sacrifício. Por favor, não tente ser um lobo solitário na liderança ou na vida: quando os vendavais inevitáveis soprarem, você precisará desesperadamente do fortalecimento de outras mulheres que a conhecem bem, que poderão dizer a você a verdade com amor, que estarão presentes em quaisquer circunstâncias. Se você é casada, não ponha o peso todo de suas necessidades relacionais nos ombros de seu marido. Por mais maravilhoso que ele seja, essa é uma carga pesada demais para qualquer pessoa. Há situações frequentes nas quais somente um membro de minha tribo é capaz de compreender-me de verdade.

Pense no próximo aniversário de um acontecimento muito importante. Se fosse comemorá-lo com uma tribo de amigas, quem convidaria? Quantas esperaria incluir? Acima de tudo, será que você está investindo regularmente em fazer amizades, para ser sustentada e fortalecida, para poder dizer com confiança que não está sozinha e para dar e receber um tipo de amor profundo e duradouro a outras mulheres? Meu desejo é que cada mulher líder seja bem-sucedida em uma tribo e depois volte a atenção para a próxima geração de mulheres à espera de orientação e apoio.

UM CHAMADO PARA AS MENTORAS

Em razão da carência de mulheres líderes, tanto no mundo corporativo como em nossas igrejas, alguém haveria de pensar que aquelas que ocupam cargos de liderança seriam as defensoras mais apaixonadas e intencionais de outras mulheres, no sentido de que assumam funções importantes. Lamentavelmente, esse nem sempre é o caso. Por um motivo ou outro, as mulheres que alcançaram um nível de influência tentam dificultar o caminho de outras mulheres que querem alçar voo. É como se tivéssemos uma mentalidade estreita e medo de não haver espaço suficiente para mais de uma mulher líder eficiente ao redor da mesa. Talvez essa falta de apoio se origine de um lugar mais sombrio onde acumulamos influência, de apegar-se com muita firmeza ao fato inédito de ser a única mulher na equipe ou de recear que outra mulher líder nos supere com seus dons e realizações. Essa é a verdade repulsiva em muitas de nossas igrejas.

Fui a única mulher pastora/professora em minha igreja por alguns anos. Depois, John Ortberg e sua esposa, Nancy, mudaram-se para a região de Chicago para associar-se à nossa equipe, e, com o tempo, Nancy foi convidada a liderar o Axis, nosso ministério para pessoas de mais de 20 anos. Dentro de pouco tempo, tornou-se óbvio a todos que Nancy era uma líder e comunicadora de grande projeção. Ela formou uma equipe extraordinária de líderes jovens, capacitando-os para descobrir seu maravilhoso lugar no ministério, libertando-os para sonhar e usar a criatividade. Graças à sua liderança, o Axis prosperou. Além disso, os ensinamentos de Nancy foram muito apreciados, e ela foi convidada para participar de nossa pequena equipe de pastores da área de ensino. O pessoal da Willow criou uma forma de nos distinguir uma da outra chamando-nos de *Nancy O.* ou *Nancy B.* Até nossos nomes do meio são iguais: *Nancy Lee*!

Dentro de mim houve apenas uma ligeira pausa, enquanto eu me perguntava como seria ter outra mulher na equipe de ensino. Senti-me tentada a comparar-me com Nancy O., hesitante e querendo saber se haveria espaço suficiente para nós duas ministrarmos com eficiência. Mas aquelas pequenas dúvidas e os momentos de insegurança desapareceram rapidamente em razão do respeito mútuo, amizade crescente e entendimento que Nancy e eu compartilhávamos. Posso dizer sinceramente, com grande alegria, que nos tornamos as maiores admiradoras uma da outra. Raramente, ministrávamos uma mensagem sem que a outra enviasse um bilhete de encorajamento ou dissesse pessoalmente palavras de incentivo quando descíamos da plataforma. A melhor parte de todas foi que eu não mais me sentia sozinha. Nancy O. é um membro raro de minha tribo, porque nós duas sabemos o que significa ministrar em uma equipe predominantemente masculina, o que significa criar filhos e ser parceira de um marido que também trabalha a todo vapor no ministério. Quando os Ortberg mudaram-se para dirigir um ministério na região da baía de San Francisco, não conheço ninguém que tenha chorado mais alto ou sentido mais saudades deles do que eu. Recentemente, Nancy e eu aproveitamos a oportunidade para almoçar em outra cidade, onde nós duas fomos convidadas para ministrar aulas. O tempo voou enquanto contávamos as novidades uma à outra. Ao olhar nos olhos dela, vejo apoio, encorajamento, humildade, benevolência e absoluto encanto ao aplaudir as vitórias que tenho conquistado em minha jornada.

Precisamos ser capazes de dizer: "Estou muito feliz por você!" a outra mulher líder, sem ranger os dentes. Vejo as vitórias de minhas amigas como se fossem minhas, e isso me ajuda. Quando se trata de servir a Deus e edificar seu Reino, há espaço mais que suficiente para todas nós. Em Números 11, lemos a respeito de uma situação na qual Moisés teve a oportunidade de acumular cargos de liderança ou aplaudir os dons de outras pessoas. Josué, um jovem protegido de Moisés, correu até ele para contar que havia outros líderes profetizando. Josué queria que Moisés fosse o único mestre em evidência. Moisés, porém, não se sentiu ameaçado nem inseguro; sua resposta calma a Josué foi: "Você está com ciúmes por mim? Quem dera todo o povo do SENHOR fosse profeta e que o SENHOR pusesse o seu Espírito sobre eles!" (v. 29). Em vez de tentar monopolizar poder ou dons, devemos ter o mesmo espírito benevolente de Moisés. Moisés viu um panorama maior e queria que a força de Deus fosse demonstrada por meio da obra de muitos servos. No Reino de Deus, a divisão de tarefas para alcançar um objetivo é muito mais significativa do que as vitórias individuais.

> *Quando se trata de servir a Deus e edificar seu Reino, há espaço mais que suficiente para todas nós.*

Eu pergunto, então: como as mulheres líderes podem apoiar-se mutuamente e defender as causas umas das outras, até mesmo das que estão apenas começando? Pelo menos parte da resposta a essa pergunta centraliza-se na função intencional de *mentoreamento*. Essa palavra tem uma variedade de definições e conotações ligadas a ela, dependendo do autor da definição.[25] Em meu caso, tive um pouco de dificuldade no início para entender esse conceito. O que realmente significa ser mentor? Foi então que, alguns anos atrás, senti o desejo de reunir um grupo de mulheres líderes que começavam a surgir em nosso meio, sem me preocupar se trabalhavam em minha área de ministério ou não. O Espírito Santo impeliu-me

[25] Um dos significados pode ser este: relação entre uma pessoa experiente (o mentor) para ensinar e preparar outra pessoa (o orientado ou protegido) com menos conhecimento ou familiaridade em determinada área. Disponível em: www.catho.com.br/jcs/inputer_view.phtml?id>. Acesso em: 13 fev. 2010. [N. do T.]

a encontrar um pouco de tempo para aquelas mulheres e convidá--las a reunir-se comigo periodicamente.

A princípio, resisti àquele chamado por não me sentir à altura de ser qualquer espécie de mentora. Achava que ainda precisava ser mentora de mim mesma e receava que nenhuma delas estivesse interessada em reunir-se comigo. Mas os chamados continuaram. Decidi, então, procurar ao redor, pensar nas mulheres que já havia observado e com as quais simpatizara e comecei a dar alguns telefonemas. Depois de algum tempo, convidei nove delas para reunir-se comigo todas as tardes de sexta-feira por cerca de noventa minutos. Eu não tinha ideia do que estava fazendo! Mesmo assim, decidimos dar àquela reunião de mulheres o nome de "grupo de mentoreamento", e tentei descobrir como investir tempo com sabedoria e encontrar oportunidades para encontrar-me com elas individualmente.

Não consigo parar de sorrir quando penso naquele grupo de mulheres, todas na casa dos 20 anos de idade, a maioria solteira, todas com um brilho nos olhos, energia contagiante e vivacidade encantadora. Heather, Jill, Shauna, Holly, Annie, Mindy, Jeanne, Deirdre e Ashley. Ocupamos várias salas da igreja para nossas reuniões, e tentei encontrar uma forma de estruturar e controlar nosso tempo. Houve reuniões nas quais discutimos um livro sobre liderança que eu lhes pedira que lessem, mas, na maioria das vezes, eu levantava uma questão, discutia um tipo de situação ou simplesmente respondia às suas perguntas perceptivas. Elas queriam saber como administrar a própria vida e, ao mesmo tempo, como desenvolver seus talentos de liderança, portanto tínhamos a impressão de que nossas conversas estavam derivando para outro lado e abrangendo a situação como um todo. Tenho plena certeza de que poderia tê-las conduzido melhor, mas estava realmente organizando tudo aquilo enquanto prosseguíamos. Com o tempo, concluí que o mais importante de tudo era estarmos juntas e também o interesse que eu tinha pela vida de cada uma, suas ideias e desafios e as maneiras pelas quais elas colaboravam entre si e comigo. As reuniões duraram cerca de três anos, e houve novas admissões quando algumas tiveram de sair do grupo por um motivo ou outro. Mas o núcleo do grupo permaneceu o mesmo.

Presenciei o casamento de várias dessas mulheres e o nascimento dos primeiros filhos. Hoje, todas estão trabalhando em alguma forma de ministério, e emociono-me por poder incentivá-las de longe. Ainda não tenho muito conhecimento sobre mentoreamento, mas de uma coisa eu sei: todas nós, não importa a idade, temos algo de valor para oferecer a outras mulheres. Esse investimento intencional pode começar com garotas do ensino médio que dirigem um pequeno grupo de alunas mais novas! Há algo verdadeiramente inspirador nas mulheres que se esforçam além da conta para oferecer tempo, atenção e sabedoria a outras mulheres. Esse investimento poderá expandir-se em grande escala por meio de uma série de encontros casuais com outra mulher em uma cafeteria até o ponto de vocês formalizarem um grupo.

O conceito de mentoreamento ficará menos assustador se reconhecermos que nenhuma de nós é capaz de proporcionar toda a orientação de que uma protegida necessita. A palestrante e escritora Lynette Lewis, em seu livro *Climbing the Ladder in Stilettos*, descreve a importância dos momentos de mentoreamento. Seja quando estamos procurando uma mentora para finalidades próprias, seja considerando a possibilidade de ser mentora de alguém, podemos calcular com exatidão quais são as nossas expectativas. Lewis afirma: "Em vez de esperar que uma ou duas pessoas se encontrem a sós conosco regularmente, deveríamos procurar momentos de diálogo com pessoas que oferecem joias de sabedoria que podemos pôr em prática".[26]

Ao fazer uma retrospectiva de nossa vida, quase todas nós gostamos do breve mentoreamento que recebemos de uma variedade de homens e mulheres que, em determinada época, disseram a palavra certa de que necessitávamos ou nos proporcionaram um

[26] Nashville: Thomas Nelson, 2006, p. 158 [**Vencendo desafios de salto alto**. São Paulo: Gente, 2008].

exemplo de vida a ser imitado. É raro alguma de nós ser abençoada com uma mentora perfeita e abrangente, capaz de estruturar cada dimensão de nossa vida. Em geral, damos valor a encontros casuais com outras líderes e colhemos o máximo que podemos de seu investimento em nós, seja qual for o tempo que passemos na presença delas.

Ainda me surpreendo com a sede por mentoreamento que vejo na próxima geração de líderes, tanto de homens como de mulheres. Quando uma líder mais nova entra em contato comigo e pede que eu lhe conceda um pouco de meu tempo, sinto-me honrada e, ao mesmo tempo, preocupada com a responsabilidade. Creio, de muitas maneiras, que a próxima fase de minha vida será principalmente a de retribuir, de passar o bastão para as líderes mais jovens cheias de energia e paixão e simplesmente oferecer um pouquinho do que aprendi ao longo do caminho. O processo de mentoreamento não ocorre por acidente. Precisamos ser intencionais, receptivas, sempre à procura de oportunidades para dar uma palavra de encorajamento, encontrar tempo para conversas sem pressa, insuflando vida, esperança, exortação e conforto na alma de outras pessoas. Poucos investimentos são mais recompensadores.

Até que ponto vai sua intenção de investir na vida das mulheres líderes que ainda não têm tanta experiência quanto você? É capaz de pensar em alguns nomes de candidatas das quais poderá ser mentora e, depois de orar, iniciar um diálogo com elas? Se você perceber um mínimo de mentalidade tacanha, uma insegurança acerca de abrir espaço para outras mulheres cujos dons e influência sejam maiores que os seus, seja sincera quanto a esses sentimentos e realize a árdua tarefa de arrancá-los com raiz e tudo. Há espaço mais que suficiente para todas nós, e o Reino não avançará se não estivermos dispostas a olhar para trás com humildade e dar uma mão para erguer as líderes de amanhã.

Quanto mais idade tenho, mais me arrependo da energia que gastei comparando-me com outras mulheres, sentindo inveja delas ou insegurança a respeito de minhas escolhas. A verdade é que, quando cessamos a guerra das mães e optamos por acreditar no melhor que existe nas outras mulheres, temos a chance de viver em uma tribo de mulheres que contribuem de maneira incomensurável para a alegria e a aventura da jornada. Não quero ficar sentada em cafeterias realizando o meu trabalho, vendo mulheres que se dedicam exclusivamente ao lar. Quero, sim, comemorar o fato de que todas nós pintamos o quadro de nossa vida, e cada pintura pode ser linda e inteiramente singular. Cada estação de nossa vida pode ser diferente, não importa se somos mães ou não, se somos casadas ou não, se sustentamos a casa ou não. O que nunca muda é a necessidade de uma convivência autêntica e inspiradora umas com as outras. Recuse-se a fazer essa jornada sozinha. Precisamos umas das outras, e aquelas que estão vindo atrás de nós também precisam de nossa atenção. Portanto, por favor, comece a formar sua tribo e a envolver-se com ela. A aventura será muito mais agradável.

> *Quanto mais idade tenho, mais me arrependo da energia que gastei comparando-me com outras mulheres, sentindo inveja delas ou insegurança a respeito de minhas escolhas.*

Conclusão

O caminho para as mulheres líderes e da área de ensino na igreja nem sempre é suave. Em geral, é repleto de uma mistura de frustrações, mágoas, raiva, desafios, novas oportunidades, alegria e profunda realização. Cada mulher acorda todos os dias para enfrentar uma série ímpar de desafios e alegrias, e ela precisa navegar por um caminho autêntico ao longo da vida, tanto em casa como na igreja. No entanto, por maiores que sejam as dificuldades, ofereço estas palavras finais às minhas irmãs no ministério: Cumpra o seu chamado. Esse é o espírito das instruções de Paulo quando escreveu a Timóteo: "Você, porém, seja moderado em tudo, suporte os sofrimentos, faça a obra de um evangelista, cumpra plenamente o seu ministério" (2Timóteo 4.5).

"Chamado" é uma palavra de significado profundo, e seu conceito pode ser opressivo quando procuramos discernir qual é o exato chamado de Deus para nós, onde ele deseja que o exercitemos e como maximizar os dons que nos foram confiados. Se você é como eu, quando os obstáculos se apresentam, penso rapidamente em abandonar tal chamado e seguir um caminho bem mais suave, como morar na praia e ler pilhas de livros para contentar meu coração. Tenho dentro de mim aquilo a que Gordon MacDonald se refere como "gene de frouxidão", que me acena todos os dias para desistir da luta e não me preocupar.

Quando, porém, sinto vontade de desistir, lembro-me do rosto inesquecível de uma mulher que meu marido e eu encontramos casualmente décadas atrás em uma ilha perto da costa do Haiti. Depois de visitar alguns ministérios na cidade extremamente pobre de Porto Príncipe, achei que nada poderia ser pior que as condições devastadoras que presenciamos ali: choupanas de papelão sem nenhum sistema sanitário, lixo nas ruas, crianças agarrando-se às nossas pernas suplicando por um pedaço de pão, mulheres grávidas que já haviam perdido vários filhos por falta de alimento e olhando para mim como se quisessem dizer: "Como vou ser capaz de alimentar este bebê em meu ventre?". Foi uma experiência dolorosa demais. Depois, fizemos uma viagem curta de avião a La Gonaves, uma pequena ilha a poucos quilômetros de distância. Lá, encontramos uma pequena missão construída em solo duro, totalmente improdutivo. Não vimos árvores, não ouvimos cantos de pássaros, não observamos nenhuma condição para que uma família pudesse cultivar alimento ou sustentar-se. Meu marido notou que as crianças não tinham nenhum brinquedo para se distrair, nada para matar a fome e o tédio. A temperatura era extremamente alta, e a única fonte de energia da ilha era um gerador em mau estado de conservação que fornecia eletricidade precária durante algumas horas por dia.

A mulher que dirigia a missão cumprimentou-nos com um sorriso acolhedor. Vivia naquela ilha como missionária havia mais de trinta anos. *Trinta anos*. Até hoje, não consigo acreditar naquele tipo de sacrifício. As poucas horas que passei na ilha pareceram uma semana, e eu não via a hora de chegar a meu quarto de hotel, com ar condicionado, e tomar uma ducha refrescante. Mas aquela mulher adorava o povo da pequena comunidade na ilha. Era extremamente dedicada a ele. Não precisava permanecer ali — qualquer um teria entendido se, um dia, ela decidisse que *já basta*. Mas ela perseverou e, pelo que sei, ainda está lá, cumprindo seu chamado, fazendo diferença para Deus.

Espero encontrar-me com aquela irmã no céu e com todas as outras irmãs que decidiram investir fielmente seu tempo e energia no planeta Terra, usando os dons que Deus concedeu-lhes para proclamar o Reino. Não podemos permitir que as dificuldades criem desculpas para deixar de realizar a obra para a qual Deus nos chamou. E, se acreditarmos que não houve nenhum erro no céu quanto aos dons que recebemos, precisamos acordar todas as manhãs com o compromisso renovado de fazer o melhor possível com o que Deus nos concedeu.

Oro para que nosso Criador tenha usado as palavras deste livro para fazer você sentir-se menos sozinha. Espero que este texto a tenha ajudado a sentir-se reconhecida e compreendida por outras mulheres que ainda tentam descobrir e cumprir seu chamado, sem conseguir acertar na maior parte do tempo, mas que também reconhecem e aplaudem o progresso e a esperança. Que você ouça os sussurros encorajadores do Espírito Santo enquanto tenta fazer parte do desconfortável Clube do Bolinha, contrabalançar os desafios inacreditáveis do ministério com uma vida plena e significativa e envolver-se em uma tribo de outras mulheres para se apoiarem mutuamente e dividir a carga. Na verdade, atrevo-me a dizer que o Senhor quer que você saiba que ele está tremendamente orgulhoso de você: de sua coragem, tenacidade e benevolência. Você é uma filha preciosa do Deus Altíssimo. Portanto, não desista. Escreva sua história, e um dia poderemos compará-las enquanto tomamos uma xícara de chá (está bem, de café, se você quiser) no céu. Cumpra o seu chamado, ou, em palavras que vêm do fundo de meu coração: *Vá em frente, garota*

Posfácio

Para minhas filhas
(e outras jovens que estão crescendo na igreja)

Queridas Samantha e Johanna,

Grande parte deste livro foi escrita para vocês, minhas filhas preciosas. Um dos privilégios mais tremendos e assustadores de minha vida foi a dádiva de ser mãe de vocês. Nós três sabemos, sem sombra de dúvida, que cometi inúmeros erros como mãe, e espero ter dito "Sinto muito" ao menos pela maioria deles. Vocês descobriram, muito tempo atrás, que eu não era o tipo de mãe que costurava a fantasia vencedora da festa do Halloween, que cozinhava refeições deliciosas, organizava suas fotografias em belos álbuns de recordações, nem recebia faixas de Mãe Participativa na escola! Espero que saibam também que tentei usar todas as minhas forças como mulher e mãe, e cumpri meu dever da única maneira que sabia. Acima de tudo, eu as amo tremendamente.

Sinto uma satisfação imensa ao ver vocês duas transformando-se em mulheres de bem e aplaudo seus vários dons. Desde a infância, ambas explodiam em criatividade, sempre empolgadas com sua frase favorita: "Vamos fazer de conta!". Guardarei para sempre no coração, com muito carinho, todas as apresentações, danças, encenações e produções que vocês faziam em nosso porão e, posteriormente, nos palcos da igreja e da escola. Seu pai e eu, sempre sentados na primeira fileira, somos testemunhas da paixão que existe dentro de vocês para contar uma história, criar personagens e comunicar-se com o corpo e a voz nas apresentações artísticas.

Vocês também são líderes, e esse fato evidenciou-se desde o início. Samantha, sua professora da pré-escola contou-me que, em muitas décadas como professora de alunos da primeira infância, nunca havia visto um menino ou menina liderar com tanta eficiência, animando a classe com energia e também com tremenda bondade. Johanna, sua liderança veio à tona no ensino fundamental, quando você foi eleita presidente do conselho de alunos, entre outras funções importantes. Adoro ver como seus amigos e amigas a respeitam e a seguem, como você lidera com elegância e demonstra os primeiros sinais de inteligência relacional.

Vocês são pessoas com características distintas; não são idênticas. Seu pai e eu teremos a grande alegria, Jo, de ver até onde seu dom fantástico para *design* visual a levará e, da mesma forma, Sam, como seu dom de escrever se desenvolverá ao longo do tempo. Vocês foram abençoadas com raciocínio rápido, senso de humor e capacidade para fazer as outras pessoas se sentirem incluídas e valorizadas. Aliados a seu caráter semelhante ao de Cristo, esses traços de personalidade têm potencial para capacitá-las a fazer diferença neste mundo, a contribuir para a causa de Cristo enquanto servem aos outros. Ainda não tenho ideia de como serão essas contribuições específicas e espero viver o tempo necessário para poder presenciar isso e incentivá-las.

Há muitas opções diante de vocês. Minha ardente oração é que, enquanto examinam todas as suas escolhas, enquanto analisam as próprias forças e admitem as fraquezas, e, acima de tudo, enquanto ouvem a voz suave do Espírito Santo, vocês meditem na possibilidade de deixar uma marca em uma igreja, seja trabalhando oficialmente, seja como voluntárias — não importa. Espero, porém, que vocês se dediquem ao ministério de uma igreja, para fazer uso de seu raciocínio rápido, coração amoroso e criatividade semelhantes à de uma criança. A igreja necessita muito de jovens como vocês, para liderar, criar estratégias, ensinar, planejar, escrever, atuar, dançar.

Não vou desenhar um quadro impreciso ou bonito demais para vocês; investir seus dons na igreja não é, provavelmente, o caminho mais fácil a ser seguido. Espero de coração que, por intermédio das mulheres líderes que me precederam, por meio de minha geração e da próxima, um número bem maior de portas, que antes estavam fechadas, sejam abertas para vocês. Se uma das mulheres de minha geração deixar o caminho aberto para outras liderarem e ensinarem na igreja, ficaremos muito honradas por ter feito parte desse grupo. Mas creio que, em muitas igrejas, vocês ainda terão dificuldades para ocupar um lugar à mesa. Estarão em meio a uma cultura que ainda faz lembrar o Clube do Bolinha. Não permitam, porém, que isso seja um empecilho, se Deus as estiver guiando para a frente. Precisamos de vocês, jovens — ah, como precisamos de vocês!

A igreja é verdadeiramente a esperança do mundo. Vocês já me ouviram dizer isso muitas vezes. Mas saibam, por favor, que acredito nisso com cada fibra de meu ser. O futuro da igreja está nas mãos de líderes jovens como vocês. Quando buscarem orientação sobre como investir sua vida, a única que possuem, saibam que o Reino de Deus só será levado adiante se e quando pessoas chamadas por Deus se apresentarem com coragem e entusiasmo, com tudo o que são e com tudo o que têm, prontas e dispostas a servir e a perseverar pela causa de Cristo. Seja onde for que vocês estiverem servindo — em locais de extrema pobreza, como faz o pai de vocês, em áreas degradadas das grandes cidades ou em um povoado longínquo da África —, seja qual for o seu chamado específico — escrever histórias para contar nas manhãs de domingo, transmitir mensagens pedagógicas, liderar um grupo de jovens ou reunir artistas para apresentarem o melhor que possuem para Deus —, cumpram seu ministério. Não permitam que nada as detenha, e alegrem-se porque Deus as criou como mulheres.

Tenho um pequeno sonho: que um dia vocês também tenham filhas e talvez mostrem a elas, daqui a muitos anos, este pequeno livro.

— Sua avó escreveu este livro — vocês dirão às suas filhas. — Hoje, ele está um tanto antiquado. Acreditem ou não, houve um tempo não muito distante em que as mulheres encontravam dificuldade para liderar na igreja. Elas achavam que seus dons não eram bem-vindos, por isso sua avó escreveu um livro para mostrar que elas não estavam sozinhas e que Deus não cometeu um erro quando confiou dons de liderança e ensino às mulheres.

— Puxa, isso é mesmo muito estranho! — dirão elas.

E sairão correndo para brincar, alçar voo e ser tudo aquilo que Deus planejou para cada uma.

Com o coração cheio de amor e gratidão,
Sua mãe

Apêndices

Recursos extras 175

"Voz", por Jane Stephens 179

Declaração sobre mulheres e homens
em cargos de liderança 194

Perguntas mais frequentes 197

Apêndice 1

Recursos extras

PARA ESTUDO BÍBLICO/TEOLÓGICO

A lista a seguir é apenas uma pequena amostra dos muitos recursos disponíveis sobre o assunto de homens e mulheres no ministério. Se desejar uma lista de recursos mais abrangente, consulte o apêndice do livro do dr. Gilbert Bilezikian, *Beyond Sex Roles*.

BELLEVILLE, Linda L.; BLOMBERG, Craig L.; KEENER, Craig S.; SCHRIENER, Thomas R. **Two Views on Women in Ministry**. Grand Rapids: Zondervan, 2001, 2005.

Editado por James R. Beck, este livro apresenta ensaios de quatro colaboradores: dois do pensamento igualitário e dois do pensamento complementar. Há um aspecto útil e único na edição revisada: ela inclui críticas sobre cada ensaio dos outros três autores, permitindo comparar e contrastar os pontos principais de conhecimento e interpretação.

BILEZIKIAN, Gilbert. **Beyond Sex Roles**: **A Guide for the Study of Female Roles in the Bible**. Grand Rapids: Baker, 1985.

Este estudo das funções exercidas pelas mulheres examina a revelação progressiva e a vontade de Deus desde a Criação e a Queda até a Redenção. Desmembrando cuidadosamente cada uma das passagens relevantes, o autor apresenta confirmação bíblica de que não deve haver discriminação na igreja e na vida familiar. As notas finais mergulham fundo em questões teológicas complexas, com a atenção voltada para a obra contrastante de James B. Hurley, *Men and Women in Biblical Perspective*.

BILEZIKIAN, Gilbert. **Community 101: Reclaiming the Local Church as Community of Oneness**. Grand Rapids: Zondervan, 1997.

Este livro é um chamado para pôr em prática o conceito bíblico de comunidade e inclui tratamento meticuloso da função da mulher na igreja, particularmente no capítulo 3, "Ministry".

GRENZ, Stanley J.; KJESBO, *Denise Muir.* **Women in the Church: A Biblical Theology of Women in Ministry**. Downers Grove, Ill.: InterVarsity, 1995.

HURLEY, James B. **Man and Woman in Biblical Perspective**. Grand Rapids: Zondervan, 1981.

Esta obra representa os argumentos mais significativos usados em defesa do pensamento complementar para os relacionamentos homem/mulher na igreja e na vida familiar. Nas notas finais de seu livro, *Beyond Sex Roles*, Gilbert Bilezikian comenta as partes principais da obra de Hurley.

KIMBALL, Dan. **They Like Jesus but Not the Church**. Grand Rapids: Zondervan, 2007 **[no prelo por Editora Vida]**

O capítulo 7 analisa a perspectiva da geração emergente, que não frequenta igreja, em relação ao problema das mulheres em cargos de liderança.

MCKNIGHT, Scot. **Blue Parakeet: Rethinking How You Read the Bible**. Grand Rapids: Zondervan, 2008.

Uma parte inteira deste livro é dedicada a oferecer orientação sobre como ler a Bíblia no que se refere à questão da mulher no ministério. Scot McKnight, professor de estudos religiosos na Universidade North Park, conta a história de sua jornada, desde sua formação fundamentalista até tornar-se um ávido defensor das mulheres líderes na igreja. Suas observações teológicas e bíblicas são sólidas e extremamente valiosas para esta discussão.

ORTBERG, John. **What the Bible Says about Men and Women**. Série de mensagens em quatro partes. Disponível em

MP3, audio CDs ou transcritos da Associação Willow Creek <www.willowcreek.com>, 1999.

SUMNER, Sarah. **Men and Women in the Church: Building Consensus on Christian Leadership**. Downers Grove, Ill.: InterVarsity, 2003.

PARA MÃES

Embora estes livros não tenham sido escritos sob a ótica cristã, as autoras apresentam perspectivas úteis sobre experiências pessoais e de outras mulheres que navegam nos problemas de ser mãe e trabalhar fora de casa.

KRASNOW, Iris. **Surrendering to Motherhood**. New York: Hyperion, 1997.

Esta autora fez a transição de uma carreira muito exigente para ser mãe de quatro meninos. Gostei da sinceridade dela a respeito de sua jornada e descobertas ao longo do caminho.

MARSHALL, Melinda M. **Good Enough Mothers: Changing Expectations for Ourselves**. Princeton, N.J.: Peterson's, 1993.

Esta obra foi extremamente útil para mim enquanto me debatia com expectativas irreais e culpa nociva por ter de trabalhar fora de casa. Marshall ajudou-me a aniquilar meu "Monstro da Mãe Perfeita".

WALSH, Elsa. **Divided Lives: The Public and Private Struggles of Three Accomplished Women**. New York: Simon & Schuster, 1995.

Walsh passou mais de dois anos entrevistando mulheres para conhecê-las e examina suas escolhas à medida que procuravam equilibrar-se na vida. O assunto principal do livro concentra-se em três mulheres extraordinárias.

PARA MULHERES EM CARGOS DE LIDERANÇA

FIORINA, Carly. **Tough Choices**. New York: Penguin, 2006 [**Escolhas difíceis**. Rio de Janeiro: Ediouro, 2007].

Por ser a primeira mulher a ocupar a presidência da Hewlett Packard, Carly Fiorina enfrentou numerosos desafios, alguns até mesmo ligados ao fato de pertencer ao sexo feminino. Trata-se de uma autobiografia sincera e cativante.

FRANKEL, Lois P. **See Jane Lead: 99 Ways for Women to Take Charge at Work**. New York: Warner Business Books, 2007 [**Mulheres lideram melhor que homens**. São Paulo: Gente, 2007].

A doutora Frankel é consultora em desenvolvimento de liderança e formação de equipes. Seu livro oferece muitas estratégias práticas e reflexões para o trabalho do dia a dia na área de liderança.

HYBELS, Lynne. **Nice Girls Don't Change the World**. Grand Rapids: Zondervan, 2005.

Lynne conta sua história comovente quando desistiu de atender ao que, a seu modo de ver, seriam as expectativas de Deus, de seu marido, da igreja e de outras pessoas, para pôr em prática os dons e paixões que Deus lhe concedera. Sua história inspira-nos a alcançar todo o nosso potencial como mulheres.

LEWIS, Lynette. **Climbing the Ladder in Stilettos**. Nashville: W Publishing Group, 2006 [**Vencendo desafios de salto alto**. São Paulo: Gente, 2008].

Lewis tem navegado em uma carreira eclética, iniciando como Relações Públicas e angariadora de fundos em uma universidade importante até exercer a função de líder sênior de *marketing*. Escrevendo de sua perspectiva como mulher cristã no ramo dos negócios, ela oferece um guia prático para a vida das mulheres no mundo do trabalho.

APÊNDICE 2[27]

"Voz"

por Jane Stephens

Vocação [...] o lugar onde nossa maior alegria e o maior anseio do mundo se encontram.

Frederick Buechner

Voz. Não é possível adquiri-la no comércio, mas ela é fundamental para os grandes negócios e a liderança inspiradora. É o *litmus test*[28] dos valores organizacionais. Um ambiente que peça que as pessoas resolvam problemas de maneira mecânica e que façam a mesma coisa repetidas vezes considera a voz desnecessária e contraproducente. Um ambiente dedicado ao desenvolvimento de novas ideias, mercados, produtos, processos e serviços a considera produtiva. Voz é o elemento variável que destrói o modelo de escassez da economia: quanto mais a usamos, mais temos, e todos podem usá-la.

O que é voz? Trata-se de uma palavra difícil de ser definida. Observe um comercial da Nike ou leia um poema de Maya Angelou e provavelmente, você a ouvirá; leia o manual da máquina de lavar louça e, provavelmente, não a ouvirá. Bob Dole exibiu-a no programa *Saturday Night Live*, mas não quando concorreu ao cargo de presidente. A voz

[27] Extraído de STEPHENS, Jane; ZADES, Stephen. **Mad Dogs, Dreamers, and Sages: Growth in the Age of Ideas**. New York: Elounda Press, 2003, p. 91-107.

[28] Teste no qual um único fator (por exemplo, uma atitude, evento ou fato) é decisivo. [N. do T.]

ocorre com mais frequência em *e-mails* do que em relatórios anuais, mas não tem nenhuma relação com forma, nem é governada pelos ouvintes. Começa com a capacidade de alguém de ser dono de si mesmo e desenvolve-se com a capacidade dessa pessoa de oferecer seu "eu" ao mundo. Prospera no ápice dessas duas experiências.

A voz segue dois caminhos. Refere-se a aprender a entrar em contato com nossos instintos, ouvi-los e confiar neles; refere-se a passar o instinto e a experiência através do fulcro da expressão clara e incisiva. Nascida no cruzamento da tentativa com a certeza, ela exige vulnerabilidade e presença. É o primeiro ingrediente produtivo para individualidade e colaboração, essencial não apenas para mudar o mundo, mas também para mudar a própria pessoa.

A voz é um poço artesiano, o melhor recurso de cada pessoa. É sua expressão mais genuína e vital, sua energia, abastecendo o que há de melhor na organização e o trabalho mais sábio. Ela ocorre quanto estamos trabalhando no centro de nossa vocação — nosso chamado, "o lugar onde nossa maior alegria e o maior anseio do mundo se encontram".

Os líderes precisam encontrar a própria voz, seus melhores recursos para ser sinceros no meio de sua organização, e necessitam solicitar e acolher a presença por inteiro de seus colegas. Ter voz é estar totalmente presente, sentir-se incluído e contar com a confiança de todos, ter algo a dizer e ser ouvido. A compensação de trabalhar em uma organização na qual cada um traz voz verdadeira a seu trabalho é uma medida plena de energia, equilíbrio, compreensão e divertimento.

ENCONTRANDO A VOZ

Uma tarde, em Nairóbi, visitei uma mulher massai, uma princesa. Seu pai era o chefe da tribo, e ela fazia parte de uma centena de irmãos e irmãs, filhos das dez esposas dele. Fiquei encantada com a elegância e a dignidade daquela mulher enquanto conversávamos sobre o que significava crescer em companhia de 99 irmãos e irmãs. Ao ver seu marido entrar no pátio, ela caminhou até ele, ajoelhou-se e pegou um punhado de grama do chão. Mais tarde, explicou-me: "Uma mulher massai sempre oferece grama antes de falar. Não podemos falar quando nos apresentamos de mãos vazias".

Grande parte de encontrar nossa voz está em entender que não nos apresentamos de mãos vazias. Infelizmente, em razão da pressa que temos de incluir alguma coisa nossa à conversa no local de trabalho, não conseguimos alcançar quase nada. Oferecemos a voz aguda da falsa confiança, o palavreado do vazio, o suspiro da indiferença ou o eco surdo do mexerico. O que, então, podemos oferecer antes de falar, para que nossa oferta tenha valor?

Todos nós já passamos por momentos em que, para nossa surpresa, começamos a falar com poder e confiança sobre um assunto no qual meditamos por muito tempo, mas nunca imaginamos que falaríamos dele. Ou até mais surpresos ainda quando começamos a falar com discernimento e convicção acerca de um assunto que nunca consideramos importante.

Alguma coisa provoca-nos ou nos faz falar; uma porta se abre e, de repente, começamos a conversar. Não se trata de uma conversa insignificante, comercial ou de um bate-papo, mas de uma conversa verdadeira sobre fatos que descobrimos, observamos e consideramos. O poder de nossa voz surpreende-nos. Alguma coisa foi ligada. Estamos agora trabalhando e pensando de maneira mais rápida e mais plena.

O que aconteceu? Em geral, uma destas situações. Ou a outra pessoa deixou claro que está realmente interessada em ouvir o que pensamos ou alguma coisa dentro de nós decidiu que não poderíamos ficar calados por mais tempo. Quando esperamos que todos tragam um punhado de grama, damos permissão uns aos outros para ser ouvidos.

No contexto de muitas empresas, há uma série de gestos, suposições e acertos que dão à equipe inteira a sensação de que aquilo que eles podem oferecer é mínimo ou opcional, ou que só é necessário se lhes for exigido. Precisamos de pessoas cheias de ânimo, não às vezes, mas o tempo todo. Precisamos deixar o poder fluir. Imagine como a energia e o intercâmbio aumentariam. Uma família de cem príncipes e princesas colhendo frutos em abundância em uma terra deserta!

O QUE TORNA A VOZ REAL?

O que ajuda a tornar a conversa real? Não é a certeza. Na verdade, se sabemos exatamente o que vamos dizer, talvez isso seja irreal, emprestado de antigas ideias ou do repertório de outra pessoa. Quando sentimos que não fomos ouvidos em um emprego ou relacionamento, começamos a conversar conosco a esse respeito — exageradamente. As palavras que não conseguimos dizer em voz alta ficam presas em nossa mente. Enquanto cortamos a grama do jardim ou dirigimos o carro pela estrada, ficamos ensaiando o tempo todo a ladainha do *eu deveria ter dito* ou *eu poderia ter dito*.

Imaginamos que essas palavras farão parte de nosso discurso no último dia de trabalho, a grande verdade final que pronunciaremos antes de atravessar a porta de saída. Mas a verdade real não é contada dessa maneira. Não podemos ajuntar nossa voz verdadeira e os melhores pensamentos para embrulhá-los em um belo pacote quando estivermos saindo: *Os disquetes extras estão na gaveta, as chaves estão na caixa de correio e, a propósito, jamais gostei da sua maneira de administrar o escritório*.

A voz verdadeira é a experiência de falar e *não* sair. De dizer o que sabemos, sentir que o som dessas palavras está descendo até nossos calçados e continuar em pé dentro deles. De sentir-nos fortes quando estamos em pé ouvindo as palavras e os significados que voltam para nós enquanto permanecemos fortes em nossa voz.

Isso não significa um afastamento do poder, da responsabilidade e da comunidade, mas um movimento em uma só direção, como se fosse uma força centrífuga, puxando todas as nossas ideias discrepantes no sentido do centro, não uma força centrípeta lançando tudo para fora. Pode começar com um sussurro: "Bem, eu estava pensando desta maneira..."; ou: "Não tenho segurança se estou certo..."; ou: "Gostaria de tentar fazer desta maneira...", mas ele vai longe, adquirindo poder enquanto vai.

VOZES DIFERENTES

Criar locais de trabalho, organizações e famílias que peçam às pessoas que tragam uma medida cheia do próprio "eu" para trabalhar exige uma auditoria sincera da grande variedade de "eus" que estamos preparados para acolher. Enquanto lecionava em Harvard, no início da década de 1970, a psicóloga Carol Gilligan começou a desvendar os motivos pelos quais os sistemas de pesquisas acadêmicas não conseguiram reunir uma variedade de vozes genuínas. Trabalhando como assistente graduada para os psicólogos Erik Erikson, um pensador inovador sobre o desenvolvimento da identidade, e Lawrence Kohlberg, um pioneiro na ciência do desenvolvimento moral, Gilligan começou a notar que as jovens que ela estava analisando não se enquadravam nas categorias que Erikson e Kohlberg haviam desenvolvido.

Gilligan interessou-se por um aspecto em particular: as mulheres de seu estudo encaravam os dilemas morais de forma diferente dos homens da obra de Kohlberg. O conteúdo das respostas recebidas foi diferente, mas muito mais interessante para Gilligan. E mais difícil ainda de ser avaliado com as ferramentas tradicionais do método científico foi a maneira pela qual elas usaram ou deixaram de usar suas vozes.

Escrita no epicentro do feminismo, o grande *tsunami* de nossos tempos, quando um grande número de mulheres estava entrando nas áreas profissional, política e acadêmica, a obra de Gilligan foi revolucionária. Quando seu livro *In a Different Voice: Psychological Theory and Women's Development*[29] foi publicado em 1982, ele pedia um completo reajuste do estudo do comportamento humano. Desde então, já vendeu perto de 1 milhão de exemplares em vários idiomas; milhares de dissertações originaram-se dele; livros foram escritos a seu respeito e geraram a publicação de outros livros. É uma canção que todos conhecem agora. Mais ou menos.

Apesar dos deslocamentos tectônicos que cada área tem sofrido para reconsiderar suas teorias, a fim de acomodar as formas de conhecimento das mulheres, Gilligan acha que o aspecto mais significativo de sua obra inovadora ainda não foi utilizado. Para ela, mais do que uma questão de distinção entre homem e mulher, seus estudos revelam enormes lacunas em nossa capacidade de falar e ouvir nossa voz verdadeira.

Quando passamos por cima do poder da voz como medida e recurso para conhecer e transformar a nós mesmos e outras pessoas, não estamos passando por cima apenas das mulheres; estamos reduzindo a realidade. Se, conforme Gilligan propõe, a voz é a mina de ouro para o crescimento humano e a transformação social, e se não podemos comprá-la nem ensiná-la a ninguém, então as empresas, bem como as universidades, precisam dedicar-se melhor à tarefa de entendê-la.

[29] **Uma voz diferente:** psicologia da diferença entre homens e mulheres da infância à fase adulta. Rio de Janeiro: Rosa dos Tempos, 1990?.

JOE McCARTHY DESCOBRE QUE A VOZ VERDADEIRA É UMA MARCA REGISTRADA

O valor das empresas movidas por ideias será, em grande parte, determinado pela singularidade, pelo estilo e poder da voz verdadeira e pela capacidade que elas possuem de usá-la e cultivá-la na organização inteira. As visões independentes dos grandes criadores empresariais — Stephen Jobs, da Apple; Yvonne Chanard, da Patagonia; Jeff Bezos, da Amazon.com; e Ralph Lauren, da Polo — são ricas em voz. A voz de cada um tem uma *assinatura*, conforme ocorre com qualquer ser humano vibrante que conhecemos — músico, presidente de empresa, médico, professor, gerente, pai ou amigo. A voz verdadeira atravessa a neblina da linguagem burocrática como nenhuma outra força é capaz.

A propaganda quase sempre aparenta ser um amontoado de coisas irritantes. Palavras ocas boiam em um mar de mesmice: *Compre-me, voe comigo, tente me agradar ou então vou atormentar você em todos os lugares — não pense que poderá fugir, eu sei onde você mora!* Mas, olhando pelo lado bom, o objetivo principal da propaganda é descobrir voz.

De repente, uma voz verdadeira irrompe; ela é apenas diferente. Um produto ou empresa chega até você e atrai seu lado emocional. A Nike é uma organização que parece estar sempre avançando mais do que a maioria das outras. Para entender a ligação entre encontrar voz como indivíduo — por mais difícil que possa ser — e encontrar voz como organização, recorremos a Joe McCarthy, que dirigiu a divisão de propaganda global da Nike em meados da década de 1990, quando a empresa redefiniu a profundidade e o alcance da marca registrada da voz para o restante dos negócios.

Talvez você se lembre de alguns trabalhos da equipe da Nike, a montagem de um documentário em preto e branco no qual as garotas diziam:

> Se você me deixar praticar esporte, vou gostar mais de mim. Se você me deixar jogar, terei mais autoconfiança. Se você me deixar jogar, terei 60% a menos de probabilidade de contrair câncer de mama, sofrerei menos depressão. Se você me deixar praticar esporte, terei mais chances de abandonar um homem que me espanca. Se você me deixar jogar, terei menos chances de engravidar precocemente. Aprenderei o que significa ser forte, se você me deixar praticar esporte.

Ou deve ter visto Ric Muñoz quando corria em um parque em Los Angeles:

> Oitenta milhas por semana. Dez maratonas por ano. HIV positivo.

Em uma época na qual a violência contra as mulheres apenas começava a ser ligada a fatores sociais e os atletas homossexuais e aidéticos ainda não se manifestavam abertamente, a Nike contou a verdade sobre investimento e coragem — contou-a de modo incisivo e desprovido de sentimento. Quando você faz a coisa certa, o eco dura anos.

A alma da marca registrada

McCarthy ofereceu-nos suas melhores pistas para discernir e desenvolver a marca registrada com voz.

Encontre a alma. A essência da marca registrada que vai além do olhar físico e do público-alvo é sua alma. A alma transcende o coração e a conexão emocional. Você *sabe* quando as pessoas ou coisas têm alma. É a diferença entre Marvin Gaye e Michael Bolton.

Seja verdadeiro a seus valores fundamentais. A essência da Nike está no desempenho e na autenticidade. A essência da Johnson está na confiança e credibilidade. Se os homens da área de *marketing* não entenderem completamente os valores fundamentais de sua marca, não terão uma bússola para guiá-los para tomar decisões de comunicação.

Emoção é um elemento de diferenciação. Entenda o conjunto de valores e emoções nos quais as pessoas estão interessadas. Um dos elementos que torna a Nike poderosa é seu entendimento sobre a emoção intrínseca a todos os esportes, aliado às dinâmicas emocionais distintas a cada modalidade esportiva.

Seja autêntico. Os consumidores, do outro lado da mesa, são capazes de sentir se o produto é falso e enganoso e estão de olho nas falsificações. Eles não criam vínculos com marcas nas quais exista má-fé.

CONSTRUINDO CÂMARAS DE RESSONÂNCIA

A voz verdadeira não é particularmente alta. Uma voz agressiva com tom agudo é, em geral, tão falsa quanto a voz chorosa ou aquela que se desculpa o tempo inteiro. Todas essas vozes emanam de um lugar mais raso do que a voz verdadeira. A distinção entre a voz verdadeira e a voz falsa vai além do motivo pelo que ela começa ou do lugar de onde se origina; no entanto, podemos ouvir a voz verdadeira em seu impacto em nossos ouvidos: seu timbre, sua ressonância, clareza e autenticidade.

Visite uma organização moderna e veja como é fácil saber onde as fichas estão empilhadas. Você vê as celebridades do escritório, o punhado de pessoas gerando todo tipo de ideias, influência, energia e motivação. Elas sabem aonde estão indo, e a empresa vive à custa de seu poder de fogo. Mas o restante do escritório, os desanimados, parece tornar-se mais indiferente e desligado todas as vezes que uma pessoa entusiasmada passa por perto. Que troca ineficiente de recursos humanos!

Como podemos conseguir que o entusiasmo de nossa equipe se torne mais verdadeiro? Como conseguir que cada membro de nossa equipe trabalhe como se sua tarefa fosse importante? Às vezes, eles necessitam de mais orientação, mais instrução, mais incentivo, equipamentos melhores ou maior apoio, mas os elementos principais que nos impedem de trabalhar como astros de primeira grandeza são mais internos. Esses elementos são: equilíbrio, energia, força, benevolência, confiança e a sensação de que temos algo para acrescentar à conversa — e que, quando fizermos isso, seremos ouvidos.

RESSONÂNCIA

A qualidade do som do violoncelo é formada pelo cruzamento da habilidade de quem o toca com a ressonância da câmara interior do instrumento. Uma organização tem a capacidade de servir como câmara ressonante de violoncelo para seu pessoal, aumentando ou diminuindo sua força e beleza por meio da ressonância com a qual nós os envolvemos.

Esse "mundo interior do violoncelo ou câmara de ressonância" é a característica da descoberta da obra recente de Gilligan sobre a voz. As pessoas à nossa volta criam uma atmosfera que encoraja ou distorce a capacidade que temos de dar voz às nossas ideias. Para manter uma câmara de ressonância, há necessidade da atenção da parte de todos. Ela demora um pouco para ser construída e pode desabar a qualquer momento.

Podemos construir ressonância em nossas comunidades se falarmos com nossa voz verdadeira. Parece arriscado, principalmente porque sabemos como é fácil sair do tom: o funcionário petulante, o chefe sempre amável ou o gerente que gosta de reclamar. Temos receio de ser parecidos com eles, e isso nos faz ficar de boca fechada. MAS você não se parece com eles! Temos de confiar em nossos colegas para reconhecer nossa voz verdadeira. Construir uma câmara de ressonância significa ter confiança em quem fala e em que ouve dentro de nossas organizações.

Também significa fazer perguntas subjacentes. Gilligan observou que as pessoas respondem às perguntas de acordo com o nível do que lhes é perguntado. Podem responder à pergunta de uma forma na primeira vez e de uma forma completamente diferente na segunda vez, mesmo quando a única diferença é que a pergunta foi feita pela segunda vez.

Por exemplo, um colega diz a você que não pode trabalhar mais com um dos gerentes porque o sujeito é muito desorganizado e ele não suporta isso. Você ouve e diz: "Essa desorganização dele o deixa irritado de verdade, não? Há outra coisa que também o deixe irritado?". Ele responde, depois de pensar um pouco: "Na verdade, eu até tolero a desorganização dele, mas fico irritado porque ele está sempre falando ao telefone. Nunca levanta a cabeça para me cumprimentar quando passo por ele".

Seu colega transferiu o problema da desorganização do gerente para sua indelicadeza em não cumprimentá-lo. O problema adquiriu nova dimensão. Um problema relaciona-se com o outro, mas o segundo não nega nem amplia o primeiro. Ao contrário, o fato de você ter ouvido um pouco mais e de ter feito outra pergunta criou um novo espaço, uma caixa de ressonância menos urgente e mais promissora. O que seu colega está dizendo é que o gerente o faz sentir-se menos importante do que o trabalho que está na mesa dele. Antes de dizer isso a você, talvez ele tenha pensado que o problema estava na desorganização do gerente. Quando fez a você outra pergunta, você o provocou a pensar mais, e a pensar de maneiras que ressoaram mais profundamente.

Vivemos e falamos em múltiplos níveis de sentidos; por isso, para forçar uma pessoa a mudar para um nível diferente, é necessário fazer nova pergunta. A segunda pergunta não desmente a primeira, mas reconhece a multiplicidade das camadas de nosso relacionamento uns com os outros. Quase sempre, podemos estabelecer um relacionamento de voz verdadeira fazendo estas perguntas: "Você poderia me ajudar a entender isto?"; "Há alguma coisa que não estou entendendo?"; "O que você faria se esta decisão estivesse em suas mãos?". Ouvir é o ato de reunir fatos; ser ouvido é o ato de ser transformado. Todos nós gostamos de ser ouvidos; receamos — e queremos — ser ouvidos. Quando sabemos que seremos ouvidos, tornamo-nos mais espertos, mais verdadeiros e mais cheios de vida.

OUVINDO O CONTRAPONTO

Mais que ouvir a melodia, quando decidimos prestar atenção ao contraponto, conseguimos ouvir não apenas as palavras de outros grupos e culturas, mas também os vastos ecos inefáveis da história e a saudade que trazem com eles. Nós os acolhemos dentro de nosso santuário interior onde ouvimos verdadeiramente, o lugar onde escolhemos nossa realidade.

Se a voz é a escolha ativa para estampar a marca de alguém no mundo, o ato de ouvir é a escolha a ser marcada pelas vozes dos outros. Não podemos, de certa forma, evitar receber influência das vozes das pessoas à nossa volta. Às vezes, essas vozes têm um efeito desgastante ou desagradável em nós, capaz de amortecer nossa audição, como quando estamos em outro país e nos acostumamos com a linguagem à nossa volta. Depois do choque inicial — *eles falam japonês no Japão!* —, achamos que não vamos entender nada.

Quando ouvimos outras culturas apenas como alguém que ouve o som do tráfego ou do tempo, isolamo-nos. Procedemos da mesma maneira quando nos vemos em situações das quais não fazemos parte nem esperamos causar algum impacto. Desenvolvemos uma espécie de autismo cultural. Ouvimos os sons, mas imaginamos que não têm nada que ver conosco, ou que não temos nada que ver com eles, por isso os desligamos. A alternativa é aprender a ouvi-los.

DECIDINDO OUVIR OUTRAS CULTURAS

Nos Estados Unidos, dizemos que *falamos* outra língua; no Quênia, eles dizem que *ouvem* outra língua. Os quenianos cultos falam pelo menos três idiomas: inglês, suaíle e a própria língua tribal, mas são capazes de "ouvir" uma variedade de outras línguas tribais, dependendo de onde cresceram, trabalharam e estudaram. Maya Angelou, que morou em Gana e na Europa, escreve que o simples fato de ouvir outra língua aumenta nossa capacidade de idealizar outra maneira de ser:

> O americano, que mora neste vasto país e é capaz de atravessar quase 5 mil quilômetros de leste a oeste falando sempre a mesma língua, precisa ouvir línguas quando elas entram em confronto na Europa, África e Ásia.

Angelou fala sete idiomas fluentemente e tem bom ouvido para vários outros. Quando viaja e conversa com pessoas ao redor do mundo, ela está sempre trazendo de volta para si as expressões e a música da linguagem que ouve. Atualmente, trabalha em um projeto no qual escreve histórias para crianças de 50 culturas diferentes, em seus respectivos idiomas.

Quando lhe perguntam por que faz isso, ela responde: "Eu tento. Aprendo os idiomas porque quero. Quando vejo TV, assisto ao programa em espanhol; escolho livros para ler em francês. Todos nós podemos aprender muito mais do que imaginamos. Escolhi aprender línguas porque quero conhecer pessoas".

QUANDO OUVIMOS COM MAIS EMPENHO

A intenção, a curiosidade e o desejo de correr riscos são essenciais para ouvir outra língua, outra cultura ou outra pessoa. Nos últimos anos, tornei-me conscientemente mais ativa acerca de *ouvir* outras culturas. Evidentemente, agora estou percebendo quanta coisa deixei de ouvir, porque nunca imaginei que tivesse alguma coisa que ver comigo.

Em 1999, meu marido médico e eu retornamos ao Quênia com nossos quatro filhos adolescentes para um período de seis meses de trabalho em um hospital rural. Logo depois de nossa chegada, começamos a cuidar de dois órfãos, Bui, cuja mãe morrera no parto, e Joe, que foi encontrado com três dias de vida em um mercado em Nairóbi, um acontecimento comum em um continente onde a aids já deixou 20 milhões de crianças órfãs.

Por meio de uma incrível associação de boa vontade com sorte, conseguimos adotar Bui e Joe e trazê-los para os Estados Unidos como filha e filho. Conforme você pode imaginar, as mudanças ocorridas em nossa casa foram significativas. A sala de jantar passou a ser o quarto de Bui, a cozinha ficou lotada de cadeiras altas e mamadeiras, e até hoje encontramos chupetas velhas sob almofadas.

Durante vários meses, as questões de sono e comida superaram todas as outras, mas, com o passar do tempo, alguns problemas maiores começaram a surgir. Sabíamos que havíamos trazido Joe e Bui para nosso país, mas começamos a compreender que eles também nos estavam levando a um outro país.

Recentemente, ouvimos a doutora Angelou falar em uma cerimônia de casamento. Ela disse: "Quando nos casamos, não são duas pessoas que se casam — estamos casando histórias". Às vezes, durante o caótico primeiro ano após a chegada de Joe e Bui, chegamos a pensar que, ao incluir crianças africanas em uma família branca americana, havíamos casado histórias. Nossos filhos, netos e bisnetos cresceriam como afro-americanos em um mundo ainda com tendência a conceder privilégios aos brancos. Se quiséssemos que eles crescessem dignamente em nosso mundo, o resto de nossa família precisaria aprender a viver dignamente no mundo dos negros.

Olhamos ao redor e percebemos que não sabíamos quase nada. Nossos livros, nossas aulas, nossos vizinhos e nossa igreja eram, na maioria, brancos ou destinados a brancos. Não conseguimos encontrar produtos para cabelo para Bui na farmácia da vizinhança. Começamos a fazer mudanças onde podíamos. Assinamos as revistas *Oprah*, *Jet*, *Time* e *Good Housekeeping*. Começamos a visitar igrejas para negros, onde ouvimos falar de eventos para negros e palestrantes negros.

Conhecemos pessoas negras a vida inteira, mas agora era diferente. Pela primeira vez, estávamos conhecendo pessoas negras no contexto negro. Estávamos começando a ouvir história, política, religião e economia de uma forma que nunca ouvíramos antes, e começamos a perceber quanto havíamos perdido. Enquanto escrevo este texto, corro o risco de ser mal interpretada e, na ocasião em que você o ler, espero estar ouvindo melhor o mundo afro-americano. Mas estas são algumas lições que estou aprendendo:

A boa vontade estendida a um aprendiz genuíno é recompensa suficiente para que o aprendiz continue a ouvir.

Só começamos a entender realmente nossa língua quando começamos a aprender outra. E mais: nossa incapacidade de não saber ler o contexto de nossa cultura torna-nos menos eficientes intelectualmente em vários campos.

Se meu lindo filho Joe, de 5 anos e olhos castanhos, cometer a metade dos erros de meus filhos adolescentes, de olhos azuis, ele não vai sair impune. E, quando for pego por ter cometido um erro ou uma travessura própria de um garoto adolescente, ele necessitará de uma história profunda de fé afro-americana, bem como de alimentar a própria fé, para conseguir atravessar os perigos mortais e as tentações da discriminação racial.

Apesar dos encontros que a vida nos proporciona, todos nós deixamos de ouvir uns aos outros como deveríamos. Estou fazendo minha jornada de *tropeçar* e *aprender* para ouvir melhor uma cultura. Descobri uma tendência crescente de pessoas que, de repente, atinaram que não deram atenção a muitas conversas ao longo da vida. "Onde eu estava quando tudo aquilo aconteceu?" "Por que eu nunca ouvi isso na escola?" "Faz tempo que esse assunto veio à tona?" Estamos ouvindo um mundo inteiro de ideias pela primeira vez porque essa foi a nossa opção. Há dois problemas no centro de nosso cinismo nacional sobre comportamento politicamente correto e treinamento multicultural:

O problema da elocução. Muito antes de ter optado por ouvir as perguntas verdadeiras das injustiças culturais, já sabíamos as respostas. Há uma profusão exagerada de precisão na política que visa a aumentar o consumo e pouco desejo de entendimento transcultural. A oferta é maior que a demanda. Nenhum curso ou *workshop* de treinamento é capaz de substituir o poder da escolha ou o desejo de conhecimento. Todos nós podemos aumentar nosso desejo de entendimento, bem como o desejo dos outros, por meio dos atos independentes e contagiantes de ouvir outras culturas.

E o problema da arte de compreender. Protegemo-nos do trabalho de aprender a verdadeira teoria cultural usando nosso "cartão de identidade", que protesta: "Cada pessoa é um indivíduo, e, quando falamos em sexo, raça ou cultura, reduzimos os indivíduos a tipos". É um ponto de vista reconfortante, mas sem conteúdo. A verdade é que, quando aprendemos mais sobre os valores e histórias das culturas, temos mais capacidade de ouvir os indivíduos que fazem parte delas. Não ouvimos apenas os indivíduos; ouvimos histórias. Ser capaz de imaginar essas histórias, que podem ser semelhantes ou não às nossas, é o primeiro passo hesitante para ouvi-las.

ESCOLHENDO OUVIR OUTRAS ORGANIZAÇÕES

A pesquisa deixa claro que, quando mudam a cadeia alimentar, os líderes empresariais mudam culturas e começam a falar uma língua diferente. Em geral, perdem a capacidade de ouvir, não apenas as opiniões, mas também as vozes verdadeiras, os anseios e as línguas que envolvem o trabalho e a mudança propriamente ditos que estão liderando.

Um executivo-chefe do conselho conhece o lema de sua empresa, mas não é capaz de ouvir os ruídos de frustração e desacertos que anulam esse lema na caixa registradora. Essa incapacidade de ouvir também corre lateralmente. Que tal se o professor de uma universidade pudesse ouvir os desafios diários do departamento de admissões? Que tal se o encarregado de recursos humanos soubesse o que a nova divisão empresarial conhece? Que tal se a gerência conhecesse o que o departamento de manutenção conhece? O quase sempre inexplicável custo do poder é a perda da facilidade de ouvir o que precisamos saber.

Ouvindo as más notícias

As maneiras pelas quais os líderes deixaram de ouvir as más notícias são épicas, desde George Custer a Arthur Anderson. Evidentemente, todos nós precisamos desenvolver hábitos regulares e canais confiáveis para ouvir as coisas que não queremos conhecer. Minha visão é clara? Meu ego está em xeque? Estou sento levado por assuntos banais? Minhas feridas pessoais estão prejudicando minha liderança? Não estou enxergando os sinais de perigo? Estou passando por cima de alguém? Estou cumprindo minhas promessas?

Há sempre más notícias para ouvir, e não queremos ouvi-las. Sempre decepcionaremos algumas pessoas. Tanto os líderes como os liderados ficam presos no vazio entre todas as nossas esperanças de sermos líderes perfeitos e a matéria verdadeira de que somos feitos. Juntos, precisamos chegar a uma definição continuamente renovável de "um líder suficientemente bom". À medida que aprendemos a ouvir e a dar más notícias como parte da administração constante de nossas inevitáveis falhas e desapontamentos, a troca torna-se menos tóxica, mais normal. Ambos os lados do eixo da administração podem tomar parte no processo de criar um "líder suficientemente bom".

... E AS BOAS

O valor de aprender a ouvir as boas notícias em todos os níveis de autoridade e divisões de responsabilidade é tão importante quanto ouvir as más notícias. E é difícil ouvi-las nos locais de trabalho cada vez mais subdivididos na economia do conhecimento e na sociedade cada vez mais segmentada fora do local de trabalho. De forma bastante ampla, a sociedade contemporânea tem trocado as algemas da autoridade patriarcal pela nova tirania da rivalidade entre irmãos. Não ouvimos mais a mesma música, não usamos as mesmas roupas nem vamos juntos ao mesmo cinema. O aspecto negativo disso é que um homem de 24 anos poderá estar falando do mesmo problema no qual seu colega de 46 anos está trabalhando, mas eles não conseguem entender o que o outro faz porque não percebem que estão andando na mesma direção.

O ato verdadeiro de ouvir leva inevitavelmente a uma mudança. E a mudança causa inquietação. Mas é somente por meio da inquietação que encontramos espaço para crescer.

Se fizermos o contrário, perderemos muito daquilo que ouvimos. No entanto, quando os oradores são corajosos, a câmara é ressonante e as melodias são ricas e diversificadas, o ciclo de ouvir e falar poderá ser maravilhosamente verdejante — muito mais do que qualquer coisa que poderemos conseguir em silêncio.

Apêndice 3

Declaração sobre mulheres e homens em cargos de liderança

Willow Creek Community Church

Acreditamos que a Bíblia ensina que os homens e as mulheres foram criados por Deus e feitos à imagem dele (Gênesis 1.27). A intenção de Deus era que eles vivessem em unicidade e comunhão (2.23,24), à semelhança da unicidade que há dentro da Trindade. Cada um tinha um relacionamento direto com Deus e compartilhava as responsabilidades de criar filhos e ter domínio sobre a ordem criada (1.26-28). No entanto, a unicidade humana foi destruída pela Queda. A luta pelo poder e o desejo de "dominar" é consequência do pecado humano. Gênesis 3.16 é uma profecia dos efeitos da Queda, não uma prescrição da ordem ideal de Deus.

Deus, porém, agiu em Cristo para redimir a raça humana e oferecer a todas as pessoas a oportunidade de fazer parte da Nova Comunidade, sua igreja. A intenção de Deus é que seus filhos vivenciem a unicidade que existe entre o Pai e o Filho (v. João 17.11,20-23). Isso significa que as antigas divisões e hierarquias entre sexos e raças não devem ser toleradas na igreja, onde todos somos "um em Cristo Jesus" (Gálatas 3.28).

Na formação da igreja no dia de Pentecoste, o Espírito Santo foi derramado sobre homens e mulheres, conforme profetizado muito tempo antes da vinda de Cristo (Joel 2.28; Atos 2.18). No Novo Testamento, as mulheres e os homens exerceram funções proféticas e sacerdotais (Atos 2.17,18; 1Coríntios 11.4,5; 1Pedro 2.9,10). Além disso, o Espírito concede de maneira soberana, dons a todos os membros da Nova Comunidade, sem dar tratamento preferencial com base no sexo da pessoa (Atos 2.1-21; 1Coríntios 12.7,11). Cada cristão, seja homem, seja mulher, deve oferecer seus dons em favor do corpo de Cristo (Romanos 12.4-8; 1Pedro 4.10,11). Impedir que os cristãos exercitem seus dons espirituais é sufocar a obra do Espírito Santo.

Em todas as tentativas de compreender e pôr em prática o correto relacionamento entre os homens e as mulheres no corpo de Cristo, nossa única autoridade é a vontade de Deus, conforme manifestada na Bíblia. Alguns textos bíblicos isolados parecem restringir a liberdade da obra ministerial das mulheres. A interpretação dessas passagens precisa levar em conta sua relação com o ensinamento mais amplo da Bíblia e seus contextos específicos. Acreditamos que, quando interpretada de maneira abrangente, a Bíblia ensina que deve haver total igualdade entre homens e mulheres em cargos, concessão de dons e oportunidades para ministérios.

Portanto, em nossas tentativas de viver juntos e trabalhando como uma comunidade bíblica, assumimos o compromisso com os seguintes valores:

Proporcionar oportunidade para ministério com base nos dons e caráter, sem levar em consideração o sexo da pessoa.

Ter em mente o tipo de pureza e lealdade nos relacionamentos entre homens e mulheres que levou os autores do Novo Testamento a descrevê-los como se fossem uma família: "irmãos e irmãs".

Usar sensibilidade na linguagem que reflita a honra e o valor que Deus deseja dos homens e das mulheres e encorajar o uso de versões da Bíblia que descrevam com precisão a vontade de Deus de que sua igreja seja uma comunidade inclusiva.

Ser intencional, quando for apropriado, em derrotar os elementos que privilegiam um sexo em relação ao outro em nossa cultura e encorajar as mulheres nas áreas onde seus dons têm sido tradicionalmente desencorajados.

Ensinar esses valores e ser exemplo deles aos membros de nossa comunidade, para a igreja e para o mundo em geral.

Para um estudo mais aprofundado e discussão mais ampla das principais passagens bíblicas relativas a este assunto, recomendo a leitura destes livros:

Beyond Sex Roles, de Gilbert Bilezikian
Becoming a Woman of Strength, de Ruth Haley Barton
Equal to Serve, de Gretchen Hull
Paul, Women, Wives, de Craig Keener
The New Reformation, de Greg Ogden
Beyond the Curse, de Aida Spencer

Apêndice 4

Perguntas mais frequentes

1. Tenho dons de liderança marcantes, mas sou casada com um homem que não os tem. Como isso pode funcionar no casamento?

Esta tem sido a minha experiência. Embora meu marido seja descrito por aqueles que o conhecem como uma pessoa de forte influência e que dirige vários ministérios em nossa igreja, a liderança não faz parte da lista de seus dons. Warren é extremamente analítico e estratégico e processa as informações de modo diferente do meu. Penso rápido e quase sempre quero decidir com mais rapidez do que ele. Se não tomar cuidado, posso tornar-me manipuladora em minha liderança e sutilmente "poderosa" para conseguir o que quero.

E, então, como podemos lidar com a opinião de muitos cristãos de que o marido é "o chefe da casa"? Será que o homem precisa ter a palavra final em todas as decisões da família? Reconheço que há pontos de vista diversos sobre esse tópico delicado. No início de nosso casamento, li o livro *Heirs Together: Mutual Submission in Marriage* [Herdeiros em conjunto: submissão mútua no casamento], de Patricia Gundry (Zondervan, 1980). Creio que tanto o marido quanto a esposa são chamados para submeter-se um ao outro em Cristo. Em nosso casamento, Warren e eu esforçamo-nos para ouvir um ao outro e chegar a um consenso nas decisões que enfrentamos. Nossa realidade do dia a dia não inclui a ideia de um de nós ser sempre o vencedor nem dar a palavra final. Ao contrário, procuramos decidir juntos depois de ouvir o Espírito Santo e ouvir o ponto de vista do outro. Sinceramente, não me lembro de uma única vez em que Warren tivesse dito: "Sou o marido, o chefe da casa, por isso é assim que vai ser".

Ser casada com alguém que não seja um líder natural tem sido um desafio para mim. Preciso submeter-me regularmente, em primeiro lugar e acima de tudo, à obra do Espírito Santo em minha vida, para exibir as características de humildade, amabilidade, bondade e domínio próprio. Warren ajuda-me a crescer espiritualmente forçando-me a assumir a responsabilidade se eu começar a ser manipuladora ou a fazer vista grossa. O fato de eu aprender essas lições em casa também determina minha liderança no ministério, com pessoas que também não se definem como líderes.

2. Sou uma mulher jovem e estou começando a liderar na igreja. Em sua opinião, qual é a diferença entre minha realidade e os problemas que você enfrentou dez ou quinze anos atrás?

Certamente, uma situação é diferente da outra, mas minha impressão é que, embora algum progresso tenha sido alcançado no sentido de as mulheres manifestarem seus dons de forma plena, ainda temos um longo caminho a percorrer na maioria das igrejas. Em geral, as culturas das igrejas levam muito tempo para ver mudanças significativas, principalmente quando se trata de assuntos sobre os quais os fiéis têm interpretações diferentes a respeito da Bíblia e onde as tradições têm sido seguidas à risca por longo tempo. Alegro-me porque há algumas igrejas vibrantes nas quais os homens e as mulheres são livres para liderar e ensinar, sem haver nenhum estardalhaço em torno disso — qualquer pessoa que tenha os dons e tenha sido aprovada pode exercer plenamente o ministério.

Se você está começando a envolver-se em uma igreja, eu a aconselho a observar com muita atenção as oportunidades oferecidas às mulheres. Além disso, procure conhecer as políticas sobre a liderança de homens e mulheres naquela igreja e/ou denominação. Em algumas igrejas, a realidade não combina com as políticas escritas. Observe também a área de ensino em sua igreja. Como são abordadas as questões das mulheres em cargos de liderança, se é que existem, e como as mulheres são descritas pelos professores e líderes do sexo masculino? As mulheres lideram e ministram aulas à congregação inteira ou são limitadas a ministrar aulas a outras mulheres e/ou crianças? Há alguma mulher que seja líder de homens que trabalham profissionalmente ou como voluntários?

Gandhi é sempre citado como tendo dito: "Seja a mudança que você deseja ver no mundo". Meu conselho a você como jovem e líder é que agarre qualquer oportunidade para liderar ou ministrar aulas em sua igreja, seja qual for o tamanho da equipe ou da plateia. Seja também um exemplo de autenticidade, benevolência, sabedoria, caráter e excelência em tudo o que fizer. Que Deus abra muitas portas para você e que outras pessoas (homens e mulheres) vejam isso como um dom claro e evidente para você liderar e ministrar aulas!

3. Um homem subordinado a mim costuma oferecer resistência à minha liderança. Como devo lidar com isso?

Idealmente, essas situações difíceis podem ser evitadas se os líderes principais comunicarem claramente a política da igreja sobre as mulheres na liderança antes que qualquer pessoa seja contratada e aceite um cargo ou função como voluntária. Em nossa igreja, os presbíteros mencionam, em cada entrevista de um candidato ou candidata, que aceitamos homens e mulheres em cargos de liderança. Se a pessoa não quiser submeter-se respeitavelmente a uma mulher líder nem receber ensinamentos de uma mulher, não será contratada. Esclarecer a situação desde o início é o melhor método.

Em muitas situações, porém, essas conversas não ocorrem, e algumas igrejas enfrentam transições embaraçosas à medida que mais mulheres assumem funções anteriormente exercidas por homens. A realidade do dia a dia de trabalhar no ministério, as convicções profundamente arraigadas sobre como interpretar passagens complexas da Bíblia, bem como as tradições em meio às quais muitas pessoas cresceram resultam em atritos e ressentimentos. O primeiro passo a ser dado é "trazer o elefante para a sala" e ter uma conversa com o homem que demonstra resistência. Dê-lhe a oportunidade de analisar com você por que ele se comporta dessa maneira e ouça-o com atenção. É bem provável que algumas experiências do passado sejam responsáveis por esse ponto de vista e talvez o tenham levado a não aceitar mulheres em cargos de liderança. Se esse homem continuar irredutível, você precisará buscar apoio de seus líderes e convidar uma terceira pessoa (seu supervisor ou um presbítero) para um diálogo, caso se torne necessário. Se essa situação tiver sido gerada por uma pessoa do quadro de funcionários, eu a aconselho a documentar a essência dessas conversas por escrito.

De acordo com minha experiência, os homens que não aceitam mulheres líderes, na maioria são propensos a mudar de ideia quando começam a ver que seus maiores medos não se tornarão realidade. Quando você mostra aos homens de sua equipe que está do lado deles, que não está com sede de poder nem é uma mulher com objetivos egoístas, na maior parte das vezes eles darão a você uma chance. Para aqueles poucos que simplesmente não abrirem a mente ou o coração, reconheça que essa atitude não diz respeito a você individualmente. Ela diz respeito a um ponto de vista geral ao qual eles não estão totalmente dispostos a se adaptar. Nesse caso, os líderes acima de você certamente a apoiarão, e o homem precisará ser afastado da equipe. Talvez ele próprio decida que não pode continuar a ser membro participante de sua igreja por ter um ponto de vista diferente.

4. Qual a importância dos títulos dos cargos? Vale a pena lutar pelos mesmos títulos que os homens têm em funções semelhantes?

Tenho tomado conhecimento de situações nas quais a mulher exerce a mesma função de um homem na equipe da igreja, mas não pode ter o título de pastora ou ministra, portanto é chamada de diretora ou de outro título qualquer. Corro o risco de "pensar pequeno", mas acho que os títulos são importantes. As pessoas têm uma ideia da função e responsabilidades de alguém com base nesses títulos e poderão supor que a mulher não tem autoridade para liderar se seu título for completamente diferente daquele que os homens ostentam em posições semelhantes.

Títulos, decisões salariais e local da sala — tudo isso é motivo para permitir que uma equipe da igreja lute contra a questão das mulheres em cargo de liderança e na área de ensino. Quando um título precisa ser anunciado, ou um nível salarial precisa ser decidido, ou uma sala precisa ser providenciada, descobrimos que realmente acreditamos na diferença entre os sexos, e o atrito começa. Essas questões práticas (que, claro, todos nós gostaríamos de não considerar importantes) induzem-nos, se formos sábios, a conversas profundas que precisamos ter. Se uma igreja estiver adaptando-se a uma visão mais igualitária das mulheres em cargos de liderança, a mudança ocorrerá — e algumas dessas mudanças serão extremamente difíceis de ser executadas. Os líderes seniores descobrirão se querem realmente dizer o que dizem sobre essas políticas quando forem forçados a tomar decisões sobre questões práticas como títulos, por exemplo.

Nas igrejas com pontos de vista mais conservadores e tradicionais, os títulos poderão continuar a ser diferentes de acordo com o sexo da pessoa. A mulher com as mesmas responsabilidades de um homem e que executa o mesmo trabalho (e possivelmente ganha um salário menor) terá de esforçar-se além da conta para servir com alegria e humildade. Pergunte a si mesma regularmente se esse é o chamado de Deus para você. Se achar que sim, Deus dará a você a graça de ser fiel em quaisquer circunstâncias. Mas não continue na situação por medo de fazer perguntas difíceis. Talvez você seja a pessoa que Deus usará como agente de mudança.

5. Como posso me enquadrar em tudo isso: responsabilidades no ministério, exercícios físicos, tempo com a família, administração da casa, tempo com as amigas, tempo de solidão e todos os afazeres do dia a dia, como trocar o óleo do carro e ir ao dentista?!

Meu marido e eu costumamos brincar um com o outro que falta uma pessoa adulta em nossa casa e que precisamos muito de um mordomo ou de uma empregada. Se somássemos as horas necessárias para fazer tudo o que "deveríamos" em cada semana, nenhum de nós conseguiria dormir (e os especialistas dizem que devemos dormir oito horas por dia). Grande parte da tarefa de administrar nossa vida tem início em conciliar nossas expectativas e não ser muito inflexíveis conosco, principalmente em determinadas fases da vida.

O ano mais difícil de nosso casamento na questão de programação foi o primeiro após o nascimento de nossa segunda filha. Com uma criança de 4 anos e um bebê, meu marido e eu não conseguíamos imaginar como conciliar o ministério com a vida sem perder a sanidade mental. Um dia, percebemos que, em algum lugar ao longo do caminho, havíamos "deixado de pertencer ao mesmo time". Nos poucos e preciosos minutos que passávamos a sós, um de nós demonstrava ressentimento com o outro: "Por que você saiu para trabalhar se eu não tive essa chance a semana inteira?"; "Como você conseguiu reunir-se com seus amigos e eu não tive essa chance?". Para mostrar como isso se tornou patético, lembro-me de ter andado a passos lentos no supermercado enquanto Warren estava em casa com as crianças, só porque precisava muito ficar um pouco de tempo sozinha.

Tão logo reconhecemos o absurdo da situação e que nenhum de nós seria "vencedor" com esse tipo de comportamento doentio, tivemos uma conversa franca e determinada para voltar a fazer parte do mesmo time. Decidimos defender um ao outro, para que ambos pudéssemos "vencer" pelo menos algumas vezes. Acostumamo-nos a pegar as agendas e conversar sobre nossa programação. Warren não gosta até hoje dessas "reuniões de agenda", mas sabe que, se não fossem aquelas conversas, teríamos exagerado nos compromissos, e nossa vida seria totalmente ingovernável.

Talvez você queira reler periodicamente o capítulo 5 e lembrar a si mesma que nenhuma de nós pode ter tudo... e de uma só vez. Fiz numerosos ajustes ao longo dos anos na questão da limpeza de minha casa, para poder visitar minhas amigas, oferecer um pouco de tempo às escolas de minhas filhas e outras atividades voluntárias. Se você é solteira ou casada sem filhos, sua vida também deve ser complexa e difícil de ser administrada, embora seus problemas específicos sejam diferentes. E, para as mães solteiras, posso dizer apenas que vocês são heroínas em meu livro, e espero que sejam honradas em cada curva do caminho.

6. Faço parte de uma igreja (e denominação) na qual a posição das mulheres líderes que atuam na área de ensino é mais conservadora. Que atitudes posso tomar para pedir aos líderes da igreja que revejam essa posição? Ou devo desistir e procurar outra igreja na qual possa trabalhar livremente?

No final do capítulo 2 (páginas 41-44), descrevi o conselho que daria a uma mulher com dilema semelhante. Vou acrescentar alguns pensamentos a este material.

Nada muda, a não ser que pessoas devotas se disponham a participar de conversas difíceis que provoquem mudanças. Eu a aconselho a fazer a sua parte em primeiro lugar. Certifique-se de que entende completamente a posição de sua igreja sobre as funções destinadas a homens e mulheres e os dons de liderança/ensino. Para saber se entendeu tudo, procure ler todas as políticas da igreja e analise o que realmente ocorre nas trincheiras do dia a dia do ministério. Na maioria das situações, a cultura de uma igreja é extremamente influenciada pelos pontos de vista pessoais do pastor sênior, por isso tenha certeza de que entendeu claramente o ponto de vista dele.

Assim que terminar sua parte, comece o processo de convidar para o diálogo, perguntando às pessoas certas se estariam dispostas a reunir-se com você. Dependendo da situação, a reunião poderá contar com a presença de pastores ou diáconos, bem como de membros mais velhos e, claro, do pastor sênior. Faça boas perguntas a fim de discernir a exatidão de suas impressões acerca da posição da igreja. Por exemplo, investigue que limites, se houver, existem para as mulheres com dons de liderança e ensino, propondo uma situação hipotética: "Esta igreja aceitaria uma mulher como pastora sênior, como presbítera ou pastora adjunta?". Depois, pergunte se existe alguma abertura para rever essas políticas, começando com um estudo de alguns livros ou outros recursos para examinar os vários pontos de vista e interpretações da Bíblia. Um bom ponto de partida poderia ser ouvir a série de mensagens em quatro partes de John Ortberg (consulte Apêndice 1, página 189). Talvez fosse aconselhável reunir os capítulos principais de alguns livros e ler o capítulo 7 deste livro.

Prepare-se para uma longa jornada. Na maioria das igrejas, esse processo de abrir diálogo para iniciar uma mudança demora meses, talvez anos. Peça ao Espírito Santo que dê a você discernimento para saber quando precisará manter o processo em movimento e quando precisará recuar por uns tempos. Evidentemente, você há de querer exibir o caráter de alguém que "fala a verdade com amor" e evitar conversas ásperas ou caluniadoras ao longo do caminho.

Deus poderá usar você como catalisador para promover mudanças em sua igreja e, quem sabe, em sua denominação. Ou talvez você termine totalmente frustrada e não faça nenhum progresso. A qualquer momento, o Espírito Santo a poderá libertar para mudar-se para outra igreja, onde a batalha não seja tão dura. Ninguém poderá dizer que caminho Deus tem para você, mas eu a incentivo e sei que será abençoada à medida que procurar ouvir a voz de Deus e obedecer corajosamente ao que ouvir.

7. Tenho uma filha pequena que mostra sinais de liderança. Que conselhos você me daria?

Sejam quais forem os dons que nossos filhos demonstrem, precisamos confirmar esses dons e ajudá-los a desenvolvê-los. Olhe nos olhos de sua filha e diga-lhe o que vê nela. Diga que viu o dom de liderança ou ensino e faça-a saber que ela é abençoada por Deus por ter recebido esses dons. Aproveite as oportunidades do dia a dia para observar o talento de sua filha em ação e depois diga a ela o que vê: "Notei como você tratou suas amigas hoje, em sua festa de aniversário, e como esforçou-se para incluir todas elas. Foi uma bela liderança!". À medida que ela crescer, você poderá também ajudá-la a entender que esses dons acarretam enormes responsabilidades.

Muito se tem escrito sobre como os pais tendem a socializar os filhos e as filhas de maneiras diferentes e como isso exerce influência em suas escolhas de carreira e comportamento. Fico encantada ao ver como as meninas estão sobressaindo-se nos esportes (como minhas filhas estão) e trabalham com competência no campo da ciência, da política ou outro que escolherem. Sua filha precisa ver mulheres liderando em uma variedade de ambientes. Talvez fosse prudente escolher uma pediatra ou uma treinadora de atletismo. Se em sua igreja não há mulheres em cargos visíveis de liderança ou de ensino, leve sua filha para visitar uma igreja onde ela possa ver essas mulheres em ação. Você será uma lançadora de visão! Permita que ela sonhe com todos os tipos de possibilidades para usar seus dons no futuro.

Treine sua filha com muito cuidado (sem amargura) para reconhecer quando as meninas são tratadas de modo diferente dos meninos e quando isso é injusto. Você poderá fazer isso vendo TV com ela para mostrar determinados estereótipos, ou folheando uma revista e aprendendo sobre como a sociedade espera que as meninas se adaptem a uma imagem irreal do corpo. Inicie conversas com sua filha para saber de que forma ela colabora na sala de aula e se já tentou ocultar sua inteligência e habilidades. Incentive-a a ler biografias de mulheres de projeção em uma variedade de campos de atuação, para oferecer-lhe muitos exemplos nos quais poderá inspirar-se.

Quando minhas filhas demonstraram interesse e talento na área artística, comecei a conversar com elas com mais frequência sobre minhas experiências do dia a dia como líder de uma equipe de artes. Após os cultos na igreja, eu conversava com elas sobre o que sentimos, tentando desenvolver seus instintos para aquilo que atraía a atenção da congregação e o que parecia faltar. Assistíamos frequentemente a produções teatrais profissionais para receber inspiração e aprender com seus exemplos. Também pedia a opinião de minhas filhas todas as vezes que eu ministrava aulas, para tirar proveito dos comentários delas e desenvolver seus talentos de comunicação.

Se o pai de sua filha ainda é vivo e participa da vida dela, ele tem um papel importante para ajudar a formar a autoimagem e a autoconfiança de sua filha. Adoro ver meu marido treinando minhas filhas nos esportes, porque ele faz brotar um lado totalmente diferente delas e as incentiva a competir e a ter uma agressividade saudável.

É muito difícil para um pai ou mãe evitar a tendência ao controle e não tentar encaixar nossos filhos em uma espécie de molde. Tento não fazer suposições a respeito do futuro de minhas filhas. Elas se casarão ou não um dia, serão mães ou não. Quero que saibam que a vida delas pode ser plena e profundamente gratificante, sejam quais forem as circunstâncias.

A melhor coisa que você pode fazer, claro, é ser um exemplo de liderança devota. Nenhuma de nós faz isso com perfeição, mas sempre que sua filha a vir em ação, quando vir sua paixão por seus próprios dons e a maneira pela qual os administra, quando ela entender que sua vida inteira e alegria não estão ligadas à maternidade (embora isso seja maravilhoso), então ela será cada vez mais livre para ser tudo aquilo que Deus planejou para ela. Não esconda dela que você comete erros, que se descontrola e, às vezes, sente-se frustrada. Ela não precisa ver em você uma estrela de primeira grandeza, apenas uma mulher fazendo o melhor que pode. E, um dia (assim me disseram), ela crescerá e a chamará abençoada!

Sobre a autora

Nancy Beach é palestrante, autora, líder de grande visão e defensora do poder da arte e dos artistas na igreja local. Trabalhou mais de vinte anos como diretora de programação para a Willow Creek Community Church na área residencial de Chicago, uma igreja conhecida no mundo inteiro por criar cultos de grande relevância em termos culturais e fundamentados na Bíblia, que usam a arte em toda a sua plenitude.

Dedicada a criar oportunidades para os artistas usarem seus dons na igreja para o engrandecimento do ministério, sua função na Willow Creek incluiu liderança em todos os aspectos da arte: adoração, música, drama, dança, fotografia, produção, vídeo e *design*. Hoje, Nancy continua a exercer a função de pastora na área de ensino na Willow Creek e, ao mesmo tempo, atua como vice-presidente-executiva de artes na Associação Willow Creek, uma organização sem fins lucrativos que atende a mais de 12 mil igrejas afiliadas e outras, representando mais de 90 denominações em 35 países. Essa responsabilidade permite que ela concentre a maior parte de seu tempo trabalhando com líderes do ministério de arte de outras igrejas e suas respectivas equipes, nos Estados Unidos e ao redor do mundo. Juntos, eles formam uma comunidade de artistas seguidores de Cristo, cujo objetivo é servir a Deus criando momentos de transformação nos cultos dominicais nas igrejas.

Nancy recebe muitos convites para fazer palestras em congressos e usa seus dons de ensino para inspirar, motivar e lançar visão, além de pôr em prática sua grande habilidade de relacionar temas de transformação espiritual com pessoas e experiências do dia a dia. Seu primeiro livro, *An Hour on Sunday* [Uma hora no domingo], expressa a visão e os valores fundamentais de Nancy, necessários para a eficiência dos ministérios de arte.

Nancy e seu marido, Warren, moram em um bairro elegante em Chicago com suas duas filhas adolescentes e uma gata chamada Elphaba.

Esta obra foi composta em *New Caledonia LT, Univers LT e Bickham Script Pro* e impressa por Imprensa da Fé sobre papel *Offset* 63 g/m² para Editora vida.